KB268890

2010 비즈니스 트렌드

Business **2010** : Mapping the New Commercial Landscape

Copyright ⓒ Spiro Press 2003, Forward ⓒ Arthur C. Clarke 2003
First published by Spiro Press in the United Kingdom,
Represented by Clark Miller Foreign Rights Agency, London, England.
Korean edition ⓒ The Korea Economic Daily & Business Publications Inc., 2007.
The Korean edition published by arrangement with Spiro Press
through PubHub Literary Agency, Seoul.
All rights reserved.

이 책의 한국어판 저작권은 PubHub 에이전시를 통한 저작권자와의
독점 계약으로 한국경제신문 한경 BP에 있습니다.
저작권법에 의해 한국 내에서 보호를 받는 저작물이므로
무단 전재와 무단 복제를 금합니다.

2010
비즈니스 트렌드

이언 피어슨 · 마이클 라이언스 지음 | 하인호(한국미래학연구원 원장) 감수 | 김유신 옮김

Business 2010 : Mapping the New Commercial Landscape

한국경제신문

2010년의 위기와 기회

하인호 한국미래학연구원 원장

현재 나타나고 있는 변화들은 2010년 격변의 시기를 향해 줄달음질치고 있다. 2010년이야말로 기업의 부상과 침몰현상이 본격화되는 기업의 춘추전국시대 속에서 새로운 위기와 기회가 교차되는 분기점이 될 것이다. 2010년의 신지식과 신기술이 만들어낼 새로운 사회의 모습을 알지 못하면, 우리는 결코 고정관념이 만들어낸 위기의 수렁에서 빠져나오지 못해 신개념 사업 창출은 거의 불가능하게 될 것이다.

지금 점진적으로 부각되고 있는 21세기 사회의 특징은 2010년에 인공지능사회를 향한 출발이 이루어지고, 소울매니지먼트soul management시대가 열리면서 네오 아날로그Neo-Analog시대를 펼쳐나가게 된다. 우리가 이러한 사회변화의 모습을 예측하지 못해 산업사회와 지식사회의 타성, 그리고 디지털의 환상에서 벗어나지 못하면, 우리 스스로 위기를 자초하는 결과를 초래하게 될 것이다.

인공지능사회의 출발이 이루어진다.

　　　　한국은 2010년에 출발되어 2025년에 완성될 인공지능AI: Artificial Intelligence사회 AI7, 즉 인공지능 7대 강국을 성취해야 일류국가가 될 수 있다. 이 시기에는 AI7이 G7보다 더욱 더 강력한 힘을 발휘하게 될 것이다. 인공지능사회에서는 인공지능 로봇, 인공지능 컴퓨터, 인공지능 신소재, 인공지능 소프트웨어, 인공지능 인프라, 인공지능 두뇌, 인공지능 비서 등이 우리 생활의 많은 부분을 차지하게 된다.

　인공지능은 육체노동은 물론 교수 · 학습기능, 경영 · 관리기능, 애완 · 레저기능, 다양한 센서기능까지 하게 되어 많은 사람들의 일자리를 빼앗아가게 된다. 그리고 로봇은 인간 노동자와 경쟁하게 된다. 경영자는 인간 노동자든 로봇 노동자든 관계없이 효율을 많이 올리는 쪽을 선택할 것이다. 그렇기 때문에 인간 노동자는 로봇과 한 팀원이 되어 로봇의 정서를 읽어가면서 일해야 한다.

자동화 시스템이 도입되기 시작하면서 엄청난 구조조정을 하게 되어 많은 노동자들이 직장을 잃어버렸던 경험이 아직도 우리 기억 속에 생생하게 남아 있다. 인공지능사회의 시작은 전과 비교할 수 없을 만큼 아주 심각할 정도의 구조조정을 예고하고 있다. 인공지능사회가 완성되는 2025년에는 현존인력의 5%만이 일터에 남아 있을 것으로 예측하고 있다. 변화는 한 장소, 상태, 형태로부터 다른 장소, 상태, 형태로 진행하여 미래로 이르게 하는 매개체이다. 변화는 인간에게 때로는 좋고, 때로는 나쁘기도 하지만 언제나 작용하는 불변의 힘으로 표현된다. 인간이 변화를 탐구할 수 있다면 변화는 인간에게 큰 의미를 가져다준다.

인공지능사회의 부정적인 측면만을 볼 것이 아니라 인공지능사회가 가져다주는 변화를 적극적으로 탐색해야 한다. 인공지능사회는 우리에게 상상도 할 수 없을 정도의 효율성을 가져다주며, 또 인간중심의 '꿈의 사회Dream Society' 라는 새로운 선물膳物을 제공해주게 된다.

인간이 예측할 수 있는 변화가 적으면 적을수록 인간은 그만큼 더 인간이 가지고 있는 기존 지식에 의존할 수밖에 없다. 이와는 달리 사회 분위기가 변화 지향적이고, 많은 변화가 새로운 급변을 요구하게 되면 인간지식의 미래지향적 환상은 계속적으로 증가하게 된다. 변화가 폭증하고 있다는 것은 바로 새로운 지식과 기술이 쏟아져나오고 있음을 의미한다. 또 새로운 미래가 지속적으로 펼쳐지고 있음을 나타낸다.

우리는 지금 부상하려고 하는 인공지능사회에만 생각의 초점을 맞추지 말고 무엇이 인공지능사회를 안정된 궤도에 올려놓을 것인가를 생각해보아야 한다.

소울매니지먼트 시대가 시작된다

인공지능사회는 계속해서 격변의 시대를 펼쳐나가게 된다. 이와 같은 격변의 사회가 남길 상처를 치유하고, 또 인공지능사회가 자유롭게 펼쳐질 수 있는 안정궤도가 필요하다. 바로 대변혁의 시대를 지탱해줄 안정궤도가 소울매니지먼트이다.

인간은 과거의 통찰 속에서 과거를 현재에 연결시키고, 현재로부터 미래전망을 하여 자유로운 시간여행을 할 수 있는 시간여행자들이다. 이러한 미래로 향한 시간여행은 인간의 미래지향적인 사고 작용에 의해 가능하다. 시간은 영원하며 연속적이다. 인간은 시간경계인 시계時界를 설정하여 시계를 중심으로 공간空間을 만든 후 시공時空을 창출하여 새로운 시공 속에서 인간의 행동을 통해 사회발전과 사회변화를 만들어낸다. 미래도 인간의 자연적 생활공간이다. 인간은 미래의 공간 속에서 생활할 수 있을 뿐만 아니라, 미래의 공간 속에서 또 다른 새로운 시공을 창조하게 된다.

우리는 지금부터 2010년의 시공時空을 창출해야 한다. 이 시공 속에 들어갈 인간의 행동, 사회변화의 양상, 사회변화 속의 인간관계, 사회변화 속의 산업 활동, 그리고 정치, 경제와 문화 현상들을 밝혀내는 일을 해야 한다. 바로 이러한 모든 현상들은 본질적으로 소울매니지먼트로 귀착된다.

2010년부터는 소울매니지먼트가 본격적으로 가동될 것이다. 우리는 지금부터 소울매니지먼트를 중심으로 새로운 세상을 만들어가기 위한 지속적인 준비를 해나가야 한다.

산업사회와 정보사회가 발견하지 못했던 새로운 영혼의 세계를 찾아야 한다. 격동과 변혁의 사회를 안정된 궤도에 올려놓을 수 있는 새롭고 강력한 동력이 필요하다. 바로 이러한 힘이 영성의 발현을 통한 소울매니지먼트의 세계이다. 특히 소울매니지먼트는 제일 먼저 기업 활동에 적용되어야 한다. 소울매니지먼트가 기업 활동에 적용되면 분명하게 가시적인 결과로 나타나게 된다. 이러한 가시적인 결과는 소울매니지먼트를 자연적으로 공공조직체로 확산되게 만든다. 이러한 확산은 새로운 삶의 공동체로 발전하게 된다.

새로운 삶의 공동체는 열린 종교, 열린 민족과 열린 문화를 요구하게 된다. 이러한 공동체를 만드는 영혼이 바로 영성의 세계에서 표출된 진실성과 초자연적인 힘이다. 우리는 영성을 발현시켜 정신적 자본주의를 구축하여 새로운 생명수를 공급하는 신아쿠에리언 시대The New Aquarian Age를 열어가야 한다.

네오 아날로그 혁명이 이루어진다

소울매니지먼트는 우리에게 네오 아날로그 시대라는 새로운 세계를 안겨다준다. 이미 디지털의 퇴색이 여러 곳에서 극히 부분적으로 나타나기 시작했다.

지금 바로 우리에게 몰려오고 있는 2010년 격동의 변화는 회피하고 두려워해야 할 대상이 아니고, 우리가 적극적으로 수용해야 할 대상이고, 발전과 도약의 기회를 갖게 하는 삶의 내용이다. 변화는 항상 우리에게 미래의 장을 열어준다.

지금 닥쳐오고 있는 세상은 디지털과 아날로그의 단순한 결합이 아니라 신사고에 의해 새로운 세상을 창조해내는 네오 아날로그 사회를 의미한다. 네오 아날로그는 기존 아날로그의 개념과 범주를 뛰어넘는 것이며, 현존의 디지털 한계를 초월하는 것이다.

네오 아날로그 혁명은 영성에서 끌어낸 진실성을 가지고 하는 행동과 태도, 진실성 중심의 조직문화를 의미한다. 네오 아날로그 경영은 정신적 역량 중심의 소울매니지먼트이다. 그렇기 때문에 우리에게 스스로 마음을 다듬고 가꾸는 일에 충실할 것을 요구한다. 네오 아날로그 경영은 사원들이 자발적인 정신수련을 통해 마음속의 진실을 끌어내어 진실을 바라보면서 신바람 나게 일을 하게 하는 데 있다.

네오 아날로그 경영은 인간학적 경영이다. 최고最高 가치덕목價値德目을 인간학적 가치에 둔다. 제조업체나 육체노동 중심의 서비스업에서도 인간학적 가치가 우선된다. 인간학적 경영은 자신과 상대방의 인격과 존엄성을 최고 수준으로 높이는 것이며, 제품에서도 인간학적 가치를 최대한으로 발현시키는 것이다.

네오 아날로그 경영은 행복경영이다. 네오 아날로그 경영은 육체노동자와 정신노동자를 불문하고 철저한 정신노동자로 전환시켜 고급 지식근로자로 만든다. 인간학적 가치 창출을 통해 사원 스스로 자부심과 자신의 존엄성을 고취시키면서, 고객의 존엄성과 인격가치를 제고하여 상생相生 행복을 추구하게 된다. 이러한 가치덕목의 실천을 통해 자연적으로 경제적 부가가치도 산출하게 된다.

이와 같은 네오 아날로그 가치경영을 처음으로 실천한 기업이 바로 일본의 MK택시회사이다. 바로 'MK택시'는 육체노동자인 운전기사를 정신적인 노동자로, 그리고 지식근로자로 전환시켜 행복한 사람으로 만들었다.

네오 아날로그 혁명은 돌봄 경제Care Economy를 탄생시킨다. 돌봄 경제는 단순히 노약자나 정신장애자를 돌보는 것만을 의미하는 것은 아니다. 앞에서 언급하였듯이 돌봄 경제는 인간학적 가치를 최고의 덕목으로 실천하는 것이다. 돌봄 경제는 모든 직업 활동과 경제활동에 결부되어 인간학적 가치를 높이는 데 그 목적이 있다.

앞으로 소울매니지먼트에서 창출되는 진실성과 초자연적인 힘은 돌봄 경제의 질적 수준을 높여줄 것이다. 2010년부터 시작되는 인공지능사회는 소울매니지먼트를 더욱 더 촉진시켜서 풍요로운 돌봄 경제시대를 열어갈 것이다. 돌봄 경제시대는 사람을 직접 대하는 직업 활동에 높은 가치를 부여하게 될 것이다.

특히 전통 전문직인 교원, 법조인, 의사는 인간학적 가치를 최고 덕목으로 강화하는 일을 적극적으로 수행해나가야 할 것이다. 그리고 인간의 모든 인간관계 과정에서 돌봄인간학적 가치라는 최고 덕목의 실천의 기본정신을 요구하게 될 것이다.

네오 아날로그시대에 있어서도 역시 디지털은 생동감 넘치는 기능을 발휘하게 된다. 그러나 디지털은 주로 네오 아날로그를 위한 수단이나 인프라의 기능을 수행하게 된다.

우리는 2010년부터 시작되는 인공지능사회, 소울매니지먼트 시대, 네오아날로그 혁명을 예측하고, 분기점에서 나타나는 위

기를 성공의 기회로 전환시키면서 드림 소사이어티를 정착시켜

나가기 위한 노력을 바로 지금 시작해야 한다.

미래의 비즈니스를 결정하는 것은 무엇인가

IT 혁명이 비즈니스에 끼칠 영향에 대한 서적은 이미 많이 출판 됐다. 그러나 대부분 불과 몇 년 앞을 내다보거나 테크놀로지가 비즈니스에 직접적으로 미치는 효과에만 초점을 맞추고 있다. 물론 테크놀로지가 가장 큰 영향을 끼치지만, 인구의 변화나 사 회적 변화, 정치적 이해관계, 전반적인 경제 기상도 등 여러 가 지 요인에 따라 그 결과가 달라지므로 미래를 전망할 때는 이런 요인들도 함께 고려해야 한다. 미래를 예측하는 일은 이처럼 직 접적이거나 간접적인 상호작용까지 고려해야 하는 대단히 복잡 한 과제다.

우리는 지난 20여 년 동안 기술 개발의 최전선에서 일하면서 우리가 몸담고 있는 회사나 제휴회사, 그리고 경쟁자들이 개발하고 있는 IT 기술이 내포하는 의미를 파악하는 데 주력했다. 또한 이러한 정보를 매일 각계 각층의 임원들에게 전달하면서 전문 용어나 과학 용어로 사람들을 현혹시키는 일을 피해야 한다는 사실을 깨달았다.

비즈니스 현장에서 활동하고 있는 사업가들에게는 전략을 수립하고 결정하는 것이 매우 중요한 일이지만, 이들은 사실과 과장 보도를 구분할 시간조차 없을 만큼 바쁘다. 신기술이 비즈니스에 큰 영향을 끼칠 것이라는 자명한 사실 때문에 기술에 관한 보도가 연일 쏟아져 나오고 있지만, 유감스럽게도 대부분 과장 보도다. 그래서 우리는 상식과 일상 경험이라는 믿음직스런 필터를 사용해서 주요 트렌드를 선별했다. 그럼으로써 앞으로 출현할 비즈니스의 주요 트렌드에 대한 분명한 정보를 전달하려고 했다.

성공에 이르는 길을 단계별로 상세하게 기술하기란 사실상 불가능하다. 하지만 이 책은 비즈니스의 미래 지형도 및 환경, 그리고 비즈니스의 기회와 위험 요소에 대해 실현 가능성이 높은 의견을 제시했다고 생각한다. 이 책은 비즈니스 전략가와 결정권자를 주요 대상으로 집필했으나, 비즈니스의 미래와 좀더 넓은 세계에 관심이 있는 사람이라면 누구나 흥미를 느끼리라고 믿는다.

테크놀로지가 언제나 우리에게 유리하게만 작용하지는 않는

다. 설령 우리에게는 유리하게 작용하더라도 다른 누군가에게
는 피해를 주는 일이 종종 있다. 그래서 이 책에서는 테크놀로
지가 주는 이득과 함께 부정적인 측면도 검토하고자 한다. 어떤
경우에는 신기술이 유익하기는커녕 해악을 더 많이 끼칠 수도
있다. IT 의존도가 높아지면 높아질수록 공격받을 가능성이 높
아지고, 실제로 그런 시도를 하는 사람들도 늘고 있다. 또한 어
떤 테크놀로지는 새로운 윤리 문제를 야기하기 때문에 신중하
고 원숙하게 다룰 필요가 있다.

아무리 신기술이라고 해도 시장에서 쉽게 성공을 거두게 될
지 아닐지 확실하지 않은 경우도 많다. 기획 단계에서는 훌륭하
게 보인 아이디어라도 여러 가지 이유로 시장에서 외면당할 수
있고, 반면 원래의 의도와는 전혀 다른 용도로 성공을 거두는
경우도 있다.

이 책처럼 비교적 두께가 얇은 책에서는 주요 트렌드와 그로
인한 결과를 부분적으로 다룰 수밖에 없다. 주어진 지면을 최대
한 활용하기 위해 우리는 집필 방향을 크게 두 가지로 단순화했
다. 우선 고도로 발달한 미국·영국같은 서구사회의 관점에서
이 책을 썼다. 그 이외의 지역에도 흥미로운 점이 많지만 이 책
에서는 생략했다. 또한 특정 시점의 트렌드를 순간 포착하기 위
해 적당한 시기를 선택했다. 흥미로운 사건이 일어나기에 아직
충분한 시간이 있으면서 테크놀로지 기반을 정확하게 예측할

수 있는 현재와 같은 가까운 미래라는 이유로 2010년을 대상으로 한 것이다.

패션의 유행이나 정치적 혼란처럼 불과 몇 달이나 몇 년 앞을 전혀 내다볼 수 없는 일도 많다. 하지만 테크놀로지는 상당히 정확하게 예견할 수 있는 경로를 따라 장기간에 걸쳐 발전하는 경향이 있다.

우리 주변에는 칩을 이용해서 만든 제품들이 많다. 이것들은 기초 기술의 진보에 따른 결과물이다. 이와 같은 기술의 진보를 기초로 해서 상식적으로 판단해 보면 어떤 장치가 출현할지 예견할 수 있다. 즉, 기술적으로나 경제적으로 실현될 가능성이 있는 장치이고, 사용자에게 큰 가치가 있으면서 가격이 합리적이고, 거리를 오가는 사람들이 그 장치를 사용하는 모습을 머릿속으로 그려볼 수 있다면, 그 장치가 시장에 출현할 가능성이 높다는 뜻이다. 이런 점에 주의를 기울이면 기술의 발전을 10년 단위로 예측할 수 있고, 그 예측이 85~90%의 적중률을 달성할 가능성이 매우 높다.

기반 기술이 발전할 가능성의 범위를 알고 있고, 사람들이 일상생활에서 어떤 장치와 기술을 많이 사용하고 있는지 파악하면, 특정 기술이 인류의 생활양식에 미칠 영향도 어느 정도 예측할 수 있다. 이런 분석 결과를 토대로 비즈니스와 정치에 미칠 수 있는 영향을 파악할 수도 있다. 많은 미래학자들이 이 단계에서 분석 작업을 중단하지만, 서로 얽혀 있는 연결고리나 비교적 명확하게 드러나지 않는 상호작용, 그로 인해 발생하는 복잡한 2차 효과를 파악하려면 여러 번 추론을 되풀이해야 한다.

비즈니스 방식을 바꾸면 테크놀로지의 차세대 물결에 대비할 수 있는 강력한 피드백 장치를 마련할 수 있고, 시장에 진출하려고 할 때 그 가능성을 판단할 수 있으며, 그로 인해 발생할 결과를 예측함으로써 실패할 가능성을 줄일 수 있다. 그러므로 이러한 추론 과정이 반드시 필요하다. 우리는 여러 해에 걸쳐 분석한 결과를 토대로 얻은 결론을 가급적 일상적인 비즈니스 용어로 설명하려고 노력했다.

이 책은 비즈니스의 미래를 결정하는 주요 동력을 크게 테크놀로지와 사회의 압력으로 보고, 이런 요소들이 미래에 어떤 영향을 미칠지 살펴보았다. 독자들은 광범위하게 설명한 미래에 관한 기초 지식을 토대로 각자 자신이 속해 있는 분야가 어떻게 변모할지 분석해 볼 수 있다.

이 책은 순서대로 읽어도 좋지만, 어느 부분을 먼저 읽더라도 상관없도록 구성했다. 각 장의 내용은 앞 장의 내용에 크게 좌우되지 않기 때문에 테크놀로지의 주요 골자와 영향 분석 부분을 먼저 읽고 나서 이 지식을 자신의 상황에 어떻게 적용해야 할지 각자 나름대로 결론을 끌어낼 수도 있다. 또는 자신이 몸담고 있는 업계나 회사에 미치는 영향을 먼저 살펴볼 수도 있다. 미래학 연구는 지속적 변화의 순환 과정이므로 순환 주기 중 어느 시점에서부터 출발해도 상관없다.

이 책의 내용이 모두 정확하게 들어맞을 것이라고 기대하지는 않는다. 미래는 선택의 대상이자 개척의 대상이기 때문이다. 그러나 2010년이라는 시간의 틀 속에서 기업의 생존과 번영에 막대한 영향을 미치는 기회와 위험 요소의 정체를 확실히 드러냈다. 10년 전에 우리가 예측한 기술의 발전은 85~90%의 적중률을 보였다. 이번 연구에서도 그와 같은 적중률을 보이게 되기를 바란다.

CONTENTS

PART 4 2010년 유망 비즈니스 전망

CONTENTS

PART 1

BUSINESS 2010

사회가
변하면
비즈니스도
변한다

01 | 인구 구조의 급격한 변화

1940~50년대에는 선진국의 인구 구조에 많은 변화가 있었다. 우선 출산율이 감소했다. 여러 차례에 걸쳐서 출산율 급증현상과 감소현상이 번갈아 되풀이되다가 각 선진국의 출생률이 모두 대체출산율한 사회가 인구구조를 유지하기 위해서 꼭 필요한 출산율 이하로 떨어졌다. 1960년대 유럽에서 매년 태어나는 아기의 수는 600만 명이었으나, 2003년에는 400만 명 선으로 줄어들었다. 또한 산모의 초산 평균 연령이 계속 높아지고 있는 반면, 아동 사망률은 현저하게 낮아졌을 뿐 아니라 모든 연령층의 건강이 증진되어 성인 연령층의 사망률이 계속 낮아졌다.

저개발국 출신 이민자가 증가한 점도 주목할 만한 변화다. 유럽에서는 이민자의 수가 인구증가 수의 25%를 차지하고 있다.

특히 영국에서는 지난 5년 동안 급격히 증가한 불법 이민이 단기적 인구 증가의 주요 원인이 됐다.

이러한 추세는 다양한 결과를 낳았으며, 그 가운데 일부 사례에는 긍정적인 점도 있다. 그러나 가장 중요한 문제는 전반적으로 노령화되고 있는 추세다. 유럽에서는 앞으로 20년 동안 80대 이상 노년층 인구가 현재의 1,400만 명에서 1,900만~2,500만 명으로 증가할 것으로 예상된다. 평균 수명이 늘어나는 것은 개인에게 고마운 선물일 수도 있다. 인간의 기대 수명은 계속 늘어나 100세에 이를 것으로 예상하고 있다. 하지만 많은 평론가들은 인구의 노령화에 대해 부정적인 견해를 가지고 있고, 인구의 노령화가 정책에 심각한 영향을 미치는 시한폭탄이 되리라고 관측하고 있다. 특히 우려되는 문제는 연금 재원 조달과 건강 서비스에 대한 수요 증가다.

60대 이상의 인구가 증가하면서 적정 수준의 연금을 제공해야 할 정부 또는 각 기업의 능력이 위협받고 있다. 영국의 통계 수치에 따르면, 현재 2.1:1에 머물고 있는 부양률이 2040년에는 3.7:1로 상승할 것으로 예상된다. 따라서 연금을 제공할 수 있는 방안에 대해 논란이 벌어지고 있다.

국가가 개인의 재정 상태에 대해 관여하지 않는 지금의 추세에서, 앞으로 10년에서 20년 동안 연금 지불 능력에 대한 우려가 연금 문제 그 자체보다 더욱 빨리 증폭될 것이다. 하지만 이 기간에 15세부터 64세 사이의 근로연령 인구 대비 64세 이상의 인구 비율이 감소해 실제 부양률은 하락할 것이다. 게다가 연령별 인구 분포는 부양률을 좌우하는 요인 가운데 한 가지일 뿐이다.

유럽 전체를 놓고 보면, 25세부터 64세 사이 연령층의 취업률은 63%로, 일본의 69%, 미국의 74%에 비해서 훨씬 낮다. 이는 1990년대에 시행된 조기 정년퇴직과 연금 휴가와 같은 정책들 덕분이기도 하다. 물론 지난 50년 동안 사회 변화로 여성의 노동력 비중이 늘어나고는 있지만 인구 변화속도의 둔화로 연금 재원 조달에 많은 어려움을 겪고 있다.

비즈니스의 관점에서 보면, 연금 제공 능력에 관한 우려가 높아질수록 개인과 기업에게 연금에 대한 책임을 가중시키는 법을 만들어서 연금에 대해 더욱 강력한 규제를 가할 것이 예상된다.

연금 위기에 대한 대응책은 정년퇴직 연한을 늘리는 것이다. 일부에서는 2030년이 되면 70대가 되기 전에 퇴직하고 싶어하는 사람이 아무도 없을 것으로 예상하고 있다. 건강상태가 좋아지면 근속연한이 증가한다는 사실을 인정하는 것이다. 건강상태만 좋다면 60대 후반과 70대에도 계속 일을 하며 건전한 생활방식을 유지하고자 하는 사람이 늘어날 것이다. 앞으로 10년에서 20년 후에 퇴직하게 될 베이비붐 세대는 정원에서 채소나 가꾸는 대신 네팔로 배낭여행을 떠날 것이다. 고용주들은 이렇게 나이 많은 사람들을 고용하고 싶지 않겠지만, 근로연령 인구도 노령화되므로

49세부터 64세 사이의 근로자가 큰 비중을 차지하게 될 것이다.

노령화는 새로운 시장을 창출하기도 하고 확대하기도 한다. 노화방지 치료제처럼 노인을 대상으로 만든 제품이 많이 나올 것이고, 이 시장을 겨냥한 업체는 번창할 것이다. 장난감이나 게임기 제조업체는 성인용 장난감 등 새로운 분야에 적응해서 주요 고객층을 노인 인구로 재조정하는 것이 바람직할 것이다. 이미 디즈니사는 '곰돌이 푸' 목욕 가운, '이요르, 푸, 미키마우스' 등 인기 있는 디즈니 캐릭터를 붙인 성인용 '매직 겨울 누비 재킷' 등을 판매하고 있다. 적응력은 앞으로도 기업이 성공에 이르는 가장 중요한 능력으로 인식될 것이다.

노년층이 가지고 있는 경험은 분명히 회사에 도움이 되지만, 현재로서는 대부분의 고용주들이 젊은층을 채용하려고 한다. 대부분의 국가에서 50대 이상의 실업률이 증가하고 있고, 노년층이 훈련받을 수 있는 기회는 제한되어 있다. 예를 들면 영국교회는 45세가 넘은 사람을 교구 사제 양성 교육과정에 받아들이지 않는다. 하지만 노동시장에 유입되는 청년 인구가 부족하기 때문에 고용주들은 하는 수 없이 나이 많은 사람들을 고용하게 될 것이다. 또한 '연령차별'을 근절하기 위한 입법과 정책을 시행하는 사례가 증가할 것이다.

고용주들은 노년층이 신기술에 적응할 수 있도록 훈련시키는 데 더 많은 시간을 할애해야 할 것이다. 훈련을 받은 노년층이 다른 연령층에 비해 근무성적에서 현저한 차이가 난다는 증거는 거의 없다. 제3세대대학교University of the Third Age처럼 모험적인 사업이 성공한 점에 비추어볼 때, 앞으로는 평생교육의 중점을 40대나 50대에 둘 필요가 없다. 노년층은 적극적으로 자기 권리를 주장해도 젊은 직장 동료에 비해서 잃을 것이 별로 없고, 오히려 얻을 것이 더 많다는 점을 인식하게 될 것이다.

건강 서비스를 가장 많이 이용하게 되는 시기 역시 인생의 말년이다. 그러므로 노인 인구가 증가하면 건강 서비스에 대한 수요가 당연히 증가할 것이다. 어떤 면에서는 임산부에 대한 서비스와 아동 병동에 대한 수요가 감소하기 때문에 늘어나는 노인 건강 서비스에 대한 수요가 서로 상쇄효과를 일으켜 전체 수요량에는 변화가 없을 수도 있다. 그러나 수요가 많은 서비스의 종류가 바뀌어서 노인성 치매환자에 대한 서비스와 요양 시설에 대한 수요가 증가할 것이다. 고용주들은 가족의 노령화로 말미암아 직원들이 간병 책임을 떠맡게 되는 사례가 증가하는 현상에 대비해야 할 것이다. 하지만 연금 위기와 마찬가지로 지나친 기우에 빠지지 않도록 해야 한다.

인구 변화가 건강 유지비용을 증가시키는 주된 원인은 아니다. 오히려 의학이 날로 발전함에 따라 의학에 거는 기대가 점점 커지는 것이 주된 원인이다. 각 선진국에서는 건강 서비스에 대한 압력이 점점 더 거세지면서 효과적인 돌봄 서비스 수단을 찾게 될 것이다. 기대치가 상승해서 모든 수요를 충족시키지 못하는 보건 사회 서비스 담당 부처가 소송에 시달리는 빈도도 높아질 것이다. 어떤 조치가 잘못됐을 때 손해를 보상받기 위해 소송을 제기하는 것만이 아니라, 특정 약품이나 의료행위를 요구하는 등 특정한 서비스를 제공해 달라고 설득하는 수단으로 소송을 이용하는 경우가 늘어날 것이다. 이 분야에서 상당한 혁신이 일어날 것으로 예상된다.

인구의 노령화와 더불어 직원의 교육 수준이 높아질 것이다. 지난 40년 동안 EU 국가에서는 중등교육을 받은 사람의 비율이 45%에서 75%로 증가했으며, 90%가 넘는 나라들도 있다. 이로 인해 근로인구의 연령대가 더욱 높아졌으며, 노동인구의 자질이 한층 우수해졌을 뿐만 아니라 필요에 따라 재교육받을 수 있는 능력도 높아졌다.

교육에는 시간이 필요하기 때문에 교육이 완료될 때까지 필요한 기능을 보유하고 있는 인력이 부족했다. 예를 들면 영국에는 간호사의 수가 극히 적어서 해외에서 많은 인력을 데려왔는데, 이들과 함께 각 출신 국가의 문제도 들어왔다. 영국이 이들의 교육 문제를 해외로 떠넘겨 버리자 그로 인해 외국과의 관계가 훼손되는 사태가 발생하기도 했다.

각국의 정부는 경제와 삶의 질을 관리하기 위해 각 분야에서 일하는 사람의 수를 조정할 필요가 있으나, 훈련에 소요되는 기간의 격차 때문에 심각한 문제가 발생하고 있다. 이런 문제를 해결할 수 있는 유일한 방법은 기획력을 높이고, 인력 수요가 있을 것으로 예상되는 분야에서 숙련된 인력에게 더 많은 인센티브를 주는 것이다. 그러나 유감스럽게도 정부의 기획력이 개선될 기미는 거의 보이지 않는다.

지금은 인구의 노령화에 주안점을 두고 많은 논의가 진행되고 있으나, 노령화의 주요 원인은 기대 수명의 연장이 아니라 출산율의 저하에 있다. 이로 인해 발생하는 문제들은 대부분 2020년 이후에나 현저하게 나타나기 시작할 것이다.

출산율 저하 추세는 세계 인구 대비 선진국 인구 비율의 지속적인 감소 추세를 유발했다. 선진국의 인구 비율은 1960년에 30%가 넘었으나 현재는 20% 정도를 차지하고 있으며, 2050년이 되면 약 13%로 떨어질 것이다. 이렇게 세계 인구 대비 선진국 인구 비율은 감소하고 있는데 세계 GDP 가운데 선진국이 차지하고 있는 몫은 증가하고 있다. 앞으로 얼마나 지속적으로 GDP를 독차지할 수 있을지는 확실하지 않지만, 이 두 가지 추세를 함께 고려하면 저개발국에서 선진국으로 유입되는 이민자가 증가할 수밖에 없다.

인구 변화가 점점 더 뚜렷하게 드러나고 있는 선진국에서 이민자를 통해 인구 수준을 유지하는 것도 한 가지 방법이 될 수 있다. 현재의 이민 증가율만 봐도 각 기업은 다양한 인종의 근로자를 더 많이 고용하게 될 것임을 알 수 있다.

출산율의 저하가 장기적으로 경제에 미치는 심각한 영향은 무엇보다도 전체 인구의 감소다. 유럽의 인구는 2020년부터 2030년 사이에 정점에 도달할 것으로 예상되며, 세계 인구는 2100년 이전에 정점에 도달할 것으로 대부분 추정하고 있다. 인구가 감소하면 성장세도 감퇴되고 경기 후퇴 압력이 누적될 것이다. 저개발국의 상품 수요를 늘리는 방법으로 후퇴 압력을 줄일 수는 있으나, 이러한 방법은 결국 세계의 부를 재분배해야 한다는 문제를 안고 있다.

02 | 개인주의의 확대

현재 미국과 영국에서 일어나는 주요 변화 가운데 하나는 집단이나 공동체 중심 사회에서 점점 개인 중심 사회로 바뀌는 현상이다. 미국 사회학자 로버트 퍼트넘은 시간대 기록방식Time budget으로 측정해 교회 예배, 학교 사친회PTA, 노동조합 및 볼링 시합 등 공동체 활동에 참여하는 미국인이 꾸준히 감소하고 있다고 보고했다그래서 그의 저서에는 '홀로 볼링 치기'라는 제목이 붙어 있다. 퍼트넘은 사회적 네트워크와 규범 및 신뢰를 '사회 자본'이라고 정의했는데, 공동체 참여도가 떨어짐으로 인해 사회 자본이 위태롭게 되고 있다고 주장했다. 그 밖에도 정당 가입이나 지역 정치 참여 및 투표 같은 정치 활동도 멀리하는 경향이 늘어나고 있다.

퍼트넘의 저서는 사회 자본의 감소가 민주주의와 자유 시장체제를 위협할 것인지에 대한 논란을 불러일으켰다. 이 문제에 대해서는 아직 해답을 찾지 못했다. 사회 자본이 손실되는 것을 우려하는 사람들은 그러한 현상이 사회적 신뢰의 기초를 바꾸고, 신뢰가 없으면 계약을 더욱 세부적으로 체결해야 하고, 분쟁이 발생하는 경우에는 소송비용을 부담해야 하고, 소송에 연루될 수도 있다는 불안감으로 인해 거래 비용이 증가한다고 주장한다. 이와 반대의견을 가진 사람들은 시장체제의 필요성, 특히 재산권을 명확하게 밝혀야 할 필요성으로 인해 신뢰 등 적절한 행동규범이 계발될 것이라고 주장한다.

개인주의에 영향을 미치는 또 하나의 요인은 다수의 사람들, 때로는 수백만 명이 네트워크를 통해 게임을 하거나 온라인 채팅방에서 대화를 하는 네트워크 활동 참여도가 높아지는 현상이다. 이 네트워크 환경 속에서 새로운 형태의 사회 구조가 형성되어 독특한 역학관계를 나타낸다. 이 속에서 사람들은 돈독한 우정관계를 맺기도 하고, 현실에서도 그런 관계를 이어가며 각자의 개성을 다각도로 실험한다. 그러나 여러 연구 결과를 보면, 온라인 공동체는 '현실 세계'의 공동체와 비교할 때 훨씬 더 피상적이어서 현실 공동체를 대체한다고 보기는 어렵고, 단지 현실 공동체의 가치를 보완한다고 보는 것이 적절하다.

개인주의가 발달하면 의무보다는 권리가 강조되고, 모든 분야에서 선택권을 요구하는 현상도 나타난다. 비즈니스 부문에서는 맞춤형 서비스와 제품, 그리고 1일 24시간 가동 영업에 대한 요구가 증가한다. 이러한 양상은 자유로운 소비를 선택하려는 개인 소비자의 신고전적 경제 모델, 즉 고객은 왕이라는 모델과 일치한다.

개인주의를 반영하기도 하고 강화하기도 하는 요인 가운데 핵심은 혼인관계와 가정생활의 파탄이다. 점차 결혼 연령이 높아지면서 가정을 늦게 꾸미는 추세이며, EU 국가의 이혼율이 지난 30년 동안 배로 늘었다하지만 지난 5년 동안에는 이혼율이 별로 변하지 않고 있다. 같은 기간 결혼율은 꾸준히 떨어졌다. 세대별 평균 규모도 지난 20~30년 동안 지속적으로 축소되어, 가족단위가 작아지고 홀로 사는 사람의 수가 증가하고 있다.

두 번째 요인은 1일 24시간 가동사회로 발전하는 현상이다. 이는 대부분의 사람들이 주말이나 야간에도 일을 한다는 뜻이다. 오늘날 대부분의 부부들이 맞벌이를 하고 있으며, 각기 다른 시간대에 일하는 경우도 흔하다. 이러한 상황에다 근무시간마저 늘어나고 있어서 사회 활동에 정기적으로 참여할 기회가 점점 줄어들고 있다.

퍼트넘이 주장하는 세 번째 요인은 새로운 오락 기술, 특히 텔레비전의 도입이다. 이로 인해 사회적인 상호 교류에 참여하는 사람이 현저히 줄어들고, 가정에서조차 서로 대화하는 일이 드물어졌다. 텔레비전이 가족의 수만큼 있는 가정이 많고, 심지어 가족의 수보다 더 많은 가정도 있으며, 마을 잔치는 이제 옛이야기가 되어버렸다.

일부 평론가들은 사회 전반에 만연한 개인주의의 영향으로 가정생활의 붕괴가 시민사회의 무질서로 이어질 수 있다고 우려의 목소리를 높이고 있다. 하지만 앞으로 10년 사이에 현저한 변화가 일어날 만한 징후는 거의 보이지 않는다. 각 기업은 고객의 기대 수준이 계속 높아짐에 따라 고객이 요구할 때마다 즉각적으로 서비스를 제공해야 하는 상황에 봉착할 것이다. 그래서 1일 24시간 가동 문화가 계속 확산될 것이다.

일부에서는 '레드 퀸Red Queen' 효과가 발생할 것이다. 레드 퀸 효과는 루이스 캐럴Lewis Carroll의 동화 《거울나라의 앨리스 Through the Looking Glass》에서 유래된 말로, 그 책에서 앨리스와 레드 퀸은 한곳에 머물기 위해 점점 더 빨리 달려야 했다. 고객도 대다수가 근로자다. 직장에서 까다로운 고객을 상대하다 보면, 자신이 고객의 입장이 됐을 때도 똑같이 까다롭게 행동하게 될 것이 분명하다는 것이 바로 레드 퀸 효과다.

소비자가 왕이라는 소비자중심주의적 접근방식은 다른 분야에도 확산될 것이다. 다른 사람의 잘못이나 결함을 관대하게 대하는 태도가 줄어들면서 결혼이 파경을 맞는 사례가 늘게 되고, 직장에서도 희귀하고 매우 가치 있는 재능을 보유하고 있는 사람은 고용조건을 점점 더 까다롭게 제시할 것이다. 고용주가 근무

시간과 근무 장소를 탄력적으로 운영해서 집에서 근무하거나 통신으로 출근을 대신하는 자유를 누리는 사람이 늘어날 것이다. 앞으로 10년 사이에 감성에도 변화가 생기고, 근로자들의 요구도 더욱 커질 것이다. 영국에서는 노동조합에 가입하는 회원이 계속 감소하고 있지만, 감소 속도가 느려지기 시작했다는 징후가 나타나고 있다.

물론 개인주의에도 어느 정도 한계가 있다. 인간은 본래 사회적 동물이어서 시민사회 참여도가 떨어지더라도 직장에서 사회적 욕구를 충족하는 경향이 높아지고 있어서 어느 정도 틈을 메울 수 있다. 일반적으로 물건을 살 때는 누구나 가족이나 친구로부터 강한 영향을 받는다. 이러한 경향으로 '편승효과'가 나타나 특정한 제품에 대한 수요가 갑자기 폭발적으로 늘어날 수 있다. 이러한 효과의 전형적인 사례는 대개 크리스마스 때 발생한다. 요요, 퍼비 인형, 사이버펫 등 특정한 장난감이 발매되면 누구나 꼭 가져야 할 물건이라고 믿고 몰려든다. 세계 각국의 상관관계가 더욱 깊어지고 있어서 이와 같이 급격한 수요 변동이 발생할 빈도가 높아지고, 변동 규모도 커질 것이다. 공급자들은 이러한 수요 변동에 대처할 수 있는 방법을 찾아야 한다.

사치품 제조업자들에게는 또 다른 문제가 있다. 사치품은 물량이 한정되어 있다는 이유로 가격에 프리미엄을 덧붙여 팔 수 있고, 사람들은 자신의 취향과 개성을 표현하기 위해 사치품을 구매한다. 만약 늘어난 사치품의 수요를 모두 충족시킨다면 상품이 한정성을 잃음과 동시에 가치가 떨어진다. 사치품 제조업자들은 이러한 위험을 확실히 인식하고 있다. 한 조사보고서에 따르면, 일부 브랜드의 사치품은 실제 가치로 환산했을 때 1900년대 초에 비해서 1990년대 초의 가격이 더 비쌌다. 비용이 실제 가치만큼 증가하면 한정성이 유지된다. 이것이 시장을 관리할 필요가 있는 또 다른 측면이다.

지난 20년 동안 개인주의의 발달과 함께 출현한 시장 가치는 선진국, 특히 미국과 영국에서 공공정책의 주요 결정요소가 됐다. 시장 가치는 민영화 등을 통해 국가가 직접 경제 활동에서 물러나고 독점기업을 해체하는 조치로 나타났다. 영국에서는 정부가 주요사업의 자금을 민간 부문에서 조달하는 사례가 늘고 있고, 국가가 쥐고 있던 업무를 민간 부문에게 넘기고 있다. 이러한 조치로 교도소 운영과 쓰레기 수거, 주택 건설 등 지방행정업무를 입찰에 부쳐 민간업체에게 넘기고 있다.

재정 부문에서도 규제가 많이 풀려서 대출받기가 쉬워지고 보편화된 반면, 빚에 대한 사회적 낙인이 사실상 사라졌으며, 특히 온라인 은행의 수가 늘어났다. 정부는 이제 공공물품의 공급자가 아니라 시장을 가동시키는 역할을 담당할 뿐이다. 국제무대에서는 국제 무역 규칙이 제정되어 WTO가 관장하고 있으며, 분쟁 해결 업무도 맡고 있다.

　1일 24시간 가동 문화가 발달함에 따라 영국에서는 일요일과 법정 공휴일을 전국적인 공휴일로 쉬는 경향이 사라지고 있다. 이는 경제를 가장 중시하는 세태를 반영하는 것으로서, 소비자의 요구에 응하기 위해서라고 변명한다. 유럽에서는 그리스도교가 쇠락하면서 일요일마다 TV에서 방영되던 전통적인 종교 프로그램이 사라지고 대신 비즈니스 프로그램이 방영되고 있다. 종교는 한때 생활의 기본 틀과 보편적인 가치관을 제공해 사람들에게 자신의 정체성을 인식할 수 있게 했다. 그러나 이제 세속적인 소비자중심주의가 그 자리를 차지하면서 소비를 통해 자신의 정체성을 표현하라고 사람들을 부추기고 있다.

　우리는 우리가 소유하고 있는 바로 그 자체이다. 이제 소비자중심주의적 접근법이 적용되는 범위는 경제 상품과 서비스 구매 활동에 국한되지 않는다. 이상, 가치관, 그리고 종교마저도 고객을 잡으려고 경쟁을 벌이고 있으며, 고객은 이러한 것도 각자 마음에 드는 대로 고를 수 있는 것이라고 생각한다. 포스트모던 사회에서는 절대적인 진리나 신의 계시라는 먼 옛날의 개념이 아무런 의미가 없다.

　이러한 세태가 비즈니스와 어떤 관계가 있을까? 시장 가치의 수위성이 이상적인 비즈니스 환경을 조성한다고 볼 수도 있다. 그러나 이 수위성에는 시장 남용을 방지하려는 압력이 수반된다. 동시에 소비자들은 더욱 까다로워지고, 만족스럽지 못한 서비스와 제품을 바꾸는 경향이 강해진다. 전체적으로 각 기업이 불확실성에 직면하게 되고 경쟁이 더욱 가열될 것이다.

영성에 관한 관심이 늘어나는 현상이 최근의 중요한 트렌드 가운데 하나다. 고대의 마술 숭배사상이나 마법 같은 다양한 신앙이 포함된 것으로 보이는 뉴에이지 종교나 불교 사상, 그리고 다양한 형식의 신비주의에 대한 관심이 높아지고 있다. 이러한 종교 중에는 전통적인 고행을 가르치고 그 종교를 신봉하는 사람들에게 가치관의 대안을 제시해 줄 수 있는 것도 많다.

다행인지는 모르겠으나, 다른 분야와 마찬가지로 종교에도 소비자중심주의 철학이 우세하여 '골라서 섞는pick n mix' 접근법을 적용할 수 있다. 우리는 이미 실로 어이없는 종교도 성장하고 있는 상황을 목격했다. 영국 인구조사서에 '제다이 신자Jedi'라고 밝힌 사람이 30만 명이 넘었던 것이다. 제다이는 영화 〈스타워즈〉에 나오는 순전히 가공의 종교일 뿐이다.

그러나 참된 영성에 대한 관심은 단순한 소비 이상의 가치를 추구하는 욕구가 있다는 증거다. 효과적으로 마케팅하려면 이러한 욕구를 이용해야 한다. 단지 유용성만 갖춘 게 아니라 사람들의 열망에도 부응하는 제품이 성공할 것이다. 통신망을 이용하면 포섭 대상으로 삼은 사람들에게 더욱 쉽게 접근할 수 있기 때문에 종교와 그룹별로 나뉜 새로운 민간 신앙이 훨씬 쉽게 번창할 수 있다. 미래에는 네트워크를 기반으로 한 우상숭배가 더욱 많이 늘어날 것으로 예상된다.

범죄 발생률이나 치안질서의 붕괴도 비즈니스에 영향을 미칠 것이다. 범죄의 발생과 치안질서의 붕괴에는 다양한 원인이 있다. 부와 자유의 불균형 같은 객관적인 요인도 있고, 사회적 가치 같은 주관적인 요인도 있다. 현재 진행되고 있는 여러 가지 추세를 보면, 미래에는 선진국에서도 시민사회의 무질서가 매우 중요한 변수가 될 것으로 보인다. 오늘날 세계 정상회담의 주요 관심사는 세계화에 대한 대규모 반대 시위이다. 영국에서는 전원생활의 훼손과 연료비에 대한 대규모 시위가 있었다. 그 외에도 다음과 같은 현상들이 치안질서의 붕괴나 무질서를 부채질할 가능성이 있다.

- 부와 의료 보건 서비스 등의 불균형이 심화되는 현상
- 공항, 자동차 도로, 피난민 수용소 등의 건설에 반대하는 시위가 빈발하고 '님비NIMBY 현상'이 증가하는 추세
- 소비자중심주의
- 보편적인 도덕적 가치관의 상실
- 정치 과정에 참여하지 않음

사회 전체의 행복보다 개인의 행복을 중시하는 개인주의가 성장함에 따라 전 세계적으로 빈곤의 격차가 더욱 벌어지고 있다.

국내외를 막론하고 소수의 최고 부유층이 국가나 전 세계의 부 가운데 차지하고 있는 비율이 증가하고 있다. 미국의 수치를 보면 전체 가구 가운데 최고 부유층 1%가 가지고 있는 세전 소득 총액의 비율이 지난 30년 동안 배로 증가해서 16%에 달하고 있다.

이러한 현상을 '승자 독점Winner takes all'의 사회라고 한다. 이런 사회에서는 가장 성공했다고 생각되는 사람에게 보상이 집중된다. 영화배우, 록 스타, 축구 영웅, 그리고 기타 명사와 이들이 받은 상대적으로 막대한 보상에 대한 일반 대중의 인식을 보라. 이와 대조적으로 극빈층에 해당하는 20%의 인구가 국민소득에서 차지하는 비율은 같은 기간 떨어졌다.

물론 어느 사회나 상당한 빈부격차가 있게 마련이고, 경제학자들은 이를 불가피하면서도 바람직한 현상으로 보고 있다. 하지만 불균형이 계속 심화되면 사회 내부의 갈등도 증폭될 것이다. 부의 불균형은 소비자 사회에서 더욱 현저하게 나타난다. 당신이 가지고 있는 것이 곧 당신을 의미한다면, 많은 것을 소유하지 못한 사람은 아무런 의미가 없고 힘도 없는 사람이다. 게다가 거의 모든 사람이 텔레비전을 시청하기 때문에 최고 부유층과 극빈층의 차이가 모든 사람에게 극명하게 전달된다. 그러한 우려를 '질투의 정치'라고 쉽게 무시해 버릴 수도 있지만, 질투는 매우 강력한 감정이다. 그것이 사회 정의라는 명제와 결합되면 분노로 변할 수 있기 때문이다.

특히 유럽은 무신론적 물질주의를 지배적인 신앙으로 받아들인 첫 번째 문명이라는 점에서 독특하다. 도덕성은 단지 개인적인 문제거나 사회 복지라는 개념을 토대로 한 문제라는 의식이 팽배해지고 있다. 그러나 사회 복지 개념에 대한 견해가 다양하다. 이러한 환경에서 사회적 의무와 윤리적 의무에 대한 예전의 관념은 도덕성에 대한 상대적인 견해, 즉 절대적인 도덕률은 없다는 견해와 권리를 중시하는 사고방식으로 대체됐다. 이러한 현상 자체가 잘못된 것은 아니다. 하지만 이는 각 개인이 어떻게 행동하든 거의 제약을 느끼지 않는다는 것을 의미한다. 이 밖의 다른 추세와 압력이 이러한 사고방식과 결합하면 방벽이 허물어져서 치안질서가 혼란에 빠질 수도 있다.

또 다른 중요한 변수는 많은 민주사회에서 정치 과정에 환멸을 느끼는 정도가 심각해지고 있는 점이다. 이는 정치가에 대한 존경심이 낮아지고, 지역 차원이든 전국 차원이든 선거 참여율이 점점 낮아지는 현상으로 알 수 있다. 그 이유는 분명하지 않다. 부분적으로는 퍼트넘이 지적한 것처럼 공동체 활동에 대한 일반적인 환멸과 관계가 있다. 지난 30~40년 동안 모든 정당의 당원은 계속 줄어들고 있다.

가극 대본 작가 W. S. 길버트의 말을 인용하자면, 19세기 말에는 누구나 "태어날 때부터 진보당원이거나 보수당원"이었다. 그러나 오늘날은 영국 유권자 가운데 부동층 유권자가 큰 비중을 차지하고 있어서 최근 선거에서 투표 양상이 크게 바뀌고 있다. 정치 과정이 제 기능을 발휘한다고 믿지 못하고 환멸감이 지속되면, 국민은 자신의 견해를 표현할 수 있는 또 다른 수단을 모색할 것이다.

대부분의 사회에는 안정성을 뒷받침하는 훌륭한 원천이 있기 때문에 치안질서의 심각한 붕괴가 반드시 일어난다고 볼 수는 없다. 그러나 치안질서가 위협을 받고 있으며, 시애틀과 런던에서 발생한 시위처럼 자본주의와 세계화에 반대하는 격렬한 시위가 자주 발생할 것이다. 이와 똑같은 압력이 산업 쟁의행위에서도 나타날 것이다. 특히 지난 20여 년 전체적인 부는 늘어났지만 수익 분배에서 소외되어 구경만 했던 집단에서 쟁의행위가 발생할 것이다.

이러한 양상은 필연적으로 각 기업에도 영향을 미치므로 기업 시설의 안전을 강화하고 예기치 못한 비즈니스 와해에도 대처해야 할 것이다. 각 기업은 치안질서가 점점 혼란에 빠지면 직원의 호전성이 강해지고 권리에 대한 요구가 더욱 거세진다는 사실을 체험하게 될 것이다. 비교적 허약한 노동조합과 유순한 직원에게 익숙한 상태로 성장한 기업은 주의해야 할 것이다. 종업원 전체의 연령이 점차 높아지면서 각 업체의 근로자들은 자신의 권리를 더욱 잘 인식하게 되고, 더욱 신념을 가지고 요구사항을 관철하려고 노력할 것이다.

03 | 문화의 다양성 강화

미래에는 더욱 발전된 정보통신기술이 여러 집단 간의 현저한 권력 이동을 촉진시킨다. 일반 대중이 전보다 더 많은 정보를 이용할 수 있게 되고 남들과 정보를 공유하는 능력을 갖추게 됨에 따라 한 지역의 이익이나 공동의 이익을 추구하기 위해 집단이 결성되고, 그 집단의 힘이 강화되어 지방정부와 중앙정부에게까지 영향을 미치게 되기 때문이다. 또한 지리적인 위치에 상관없이 공동의 이익과 가치를 추구하는 사람들이 결속하게 된다.

정부와 기타 기관도 똑같은 정보통신기술을 이용해 개개인의 사사로운 활동을 감시할 능력을 갖출 수 있다. 정보통신기술은 경제의 세계화와 '세계 문화권' 이 발달되는 기초를 보강하고, 글로벌 지배구조를 갖춘 국제기구의 입지를 강화시킬 것이다. 따라

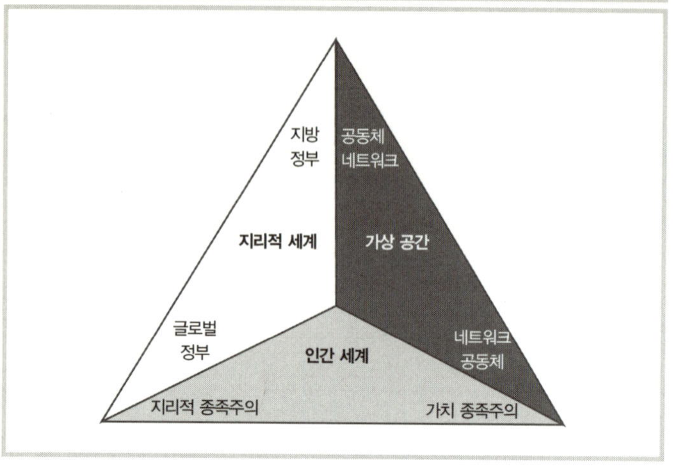

〈그림 1-1〉 힘의 3극화가 이루어지는 현대 세계

서 힘은 〈그림 1-1〉처럼 여러 차원으로 다극화된다.

세계화 때문에 각각의 문화가 융합되어 문화의 다양성이 사라질 것이라고 예견한 사람이 많지만, 그런 현상이 발생할 가능성은 거의 없다. 사람들은 항상 다른 문화에 노출되어 살아가지만, 한 도시에 살고 있는 사람들도 각양각색이다. 문화의 다양성은 매우 강인해서 인터넷에서도 말살되지 않는다. 다양한 문화와 접할 기회가 많아진다는 것은 분명하다. 우리가 살고 있는 마을과 도시에 있는 문화유산도 인터넷을 통해 접할 수 있게 된다. 그 결과, 한 도시의 문화적 영향이 그 교외나 인근 마을에 국한되지 않고 더 먼 지역으로 파급될 것이다〈그림 1-2〉 참조. 현실적으로는 근교의 관광명소에나 다녀올 여유밖에 없어도, 인터넷을

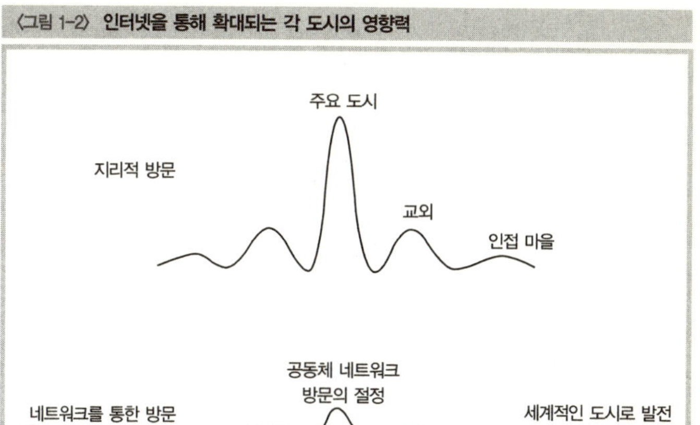

통하면 언제든지 여러 곳을 쉽게 방문할 수 있다. 우수한 특징을 지닌 관광명소는 인근지역 주민은 물론, 인터넷을 통해 세계 각지에서 관광객을 그러모을 수 있다. 반대로 별로 내세울 것이 없는 관광지는 방문객을 잃게 될 것이다. 따라서 인터넷은 문화 활동 분야에서도 경쟁을 촉진해 문화의 품질을 높일 기회를 제공할 것이다.

지금까지 코카콜라, 맥도널드 등은 미국의 엄청난 영향으로 크게 성공을 거두었고, 전통적으로 선택되던 제품들이 이들 기업의 제품으로 대체됐다. 그렇다고 우리가 선택할 수 있는 것들이 완전히 없어진 것은 아니다. 오히려 선택의 폭이 넓어졌다. 경쟁적인 시장에는 언제나 축출되는 상품이 있게 마련이지만, 시장이 완전히 단일 상품으로 바뀌는 경우는 극히 드물다.

　사람들은 다른 문화에서 얻어온 아이디어를 자신이 이미 가지고 있는 것과 섞어버리는 것을 좋아하는 것 같다. 이로 인해 가변성이 감소하는 것이 아니라 오히려 증가한다. 자신의 신체 일부에 구멍을 뚫어 장식을 붙이는 동양의 관습을 받아들이는 10대 청소년이 많지만, 그렇지 않은 청소년도 많다. 선택의 여지는 증가했으나 모두 똑같은 것을 선택하지는 않는 것이다. 인터넷이 널리 보급되더라도 문화적 동질화가 갑자기 일어나리라고는 예상할 수 없다. 지리적으로 한 장소에 모여 있는 사람들에게도 그러한 현상이 발생한 적은 없었다.

04 사라지는 국경

인터넷은 3차원의 시공을 초월한다. 인터넷이 처음 상용되기 시작했을 때는 인터넷을 이용해서 지리적 경계선을 완전히 무시하고 정부의 통제도 암호화나 익명화 같은 도구로 피할 수 있을 것이라고 생각한 사람이 많았다. 그러나 일부 국가, 특히 중국에서는 관계당국이 부적절하다고 판단하는 웹 사이트에는 그 나라 국민이 접속하지 못하게 단속하고 있다. 서구에서도 각국의 법률이 다르기 때문에 접속 국가에 따라 콘텐츠가 조금씩 다르다. 실제로 정보를 검열하지는 않지만 각 나라에서 볼 수 있는 콘텐츠에 차이를 두는 것이다.

물론 숙련된 사람은 콘텐츠 차단장치를 피할 수 있겠지만, 현재 각 사이트는 방문자의 IP 주소를 확인해 그 주소가 속한 지역에 맞는 정보를 제공하고 있다. 그래서 미국인에게는 자유롭게 제공되는 자료를 독일이나 프랑스 사람들은 쉽게 접하지 못하는 경우도 있다. 사이트와 서버 제공자들은 콘텐츠에 관한 한 아직도 각국 사이에 국경이 건재하고 있다고 인정한다.

하지만 웹에 있는 콘텐츠 대부분은 어느 곳에서나 받아들일 수 있는 내용이어서 네트워크에서 국경의 중요성이 강조되는 경우는 그다지 많지 않다. 웹은 대부분 단일 플랫폼으로 움직인다. 기업가들은 거의 언제나 세계 시장에 접속할 수 있는데, 웹에서 직접 내려 받는 형식으로 이미지나 오디오 콘텐츠를 파는 기업에게는 이와 같은 상시 접근성이 대단히 유용하다.

그러나 물질적인 제품이나 서비스를 파는 기업은 여전히 물리적 세계에 의존하고 있어서 한 사이트에서 제공하는 제품과 가격이 고객의 주소에 따라 매우 크게 차이 날 수도 있다. 물질적인 재화인 경우 일부 지역에 있는 고객에게만 제공할 수도 있다. 예를 들면 아마존은 영국에서 판매가 금지된 책을 영국 고객에게 보낼 수 없다. 초창기에는 인터넷 때문에 각 지방에서 시행되고 있는 법률의 효력이 약화될 것이라는 과장 보도가 있었으나 아직 그런 수준에 도달하지는 못했다.

사실 어느 지역에서 특정 웹 페이지에 접근하는 것을 단속하기는 매우 어렵고 비용도 많이 들기 때문에 사용자들은 대부분 어느 사이트에나 접근할 수 있다. 대기업은 각 지역의 법률에 맞게 콘텐츠를 조정하지만, 소기업 중에는 그런 일에 관심을 두지 않는 경우가 많다. 만약 사이트가 폐쇄되어도 다른 나라에 등록하거나 다른 명칭으로 등록하는 방법으로 손쉽게 다시 개설할 수 있다. 실제 단속은 주로 가장 유해한 콘텐츠를 게재한 최악의 위반자를 대상으로 실시되고 있다. 이처럼 인터넷은 폭넓게 개방되어 있어서 국경이 없는 것처럼 보이지만, 지역에 따라 매우 엄격하게 단속될 가능성도 있고 실제로 단속이 실시되는 경우도 있다. 그러나 일반적으로 단속은 한정적이고 완벽하지 못하기 때문에 인터넷은 자발적인 법률 준수에 의해 통제되고 있다.

지난 몇 년 동안 인터넷이 급속하게 성장함에 따라 네트워크를 기반으로 한 대규모 공동체에 대한 열망은 있었으나 실제로 나타나지는 않았다. 아직도 대부분의 사람들이 인터넷을 업무용으로 이용할 뿐 사회생활에 이용하는 경우가 그다지 많지 않다. 그 이유는 접속 대기 시간이나 다운로드 시간이 길고, 사회적 유용성에 대한 인식이 낮기 때문으로 보인다.

그러나 이미 변화가 시작됐다. 광대역의 보급률이 증가하면서 인터넷이 사회생활의 범위를 넓혀주는 데 유용하다는 인식이 확산되고 있다. 그 한 가지 예로 전 세계적으로 친구를 찾아주는 사이트가 큰 성공을 거두었다. 인터넷을 사회생활에 이용하는 사람이 증가하게 되면 새로운 힘의 기반으로 활용하는 지도자도 출현할 것이다. 장소에 구애받지 않는 인터넷을 이용해서 같은 생각을 가진 사람들과 접촉하고, 각자의 영향력을 합해 웹을 기반으로 한 압력단체를 발전시킬 것이다.

이러한 추세에 따라 문화적 정체성, 종교, 정치적 신념, 비즈니스 윤리, 사회적 가치관 등을 공유하는 공동체가 형성될 것이다. 사람들은 각 공동체의 역할에 따라 여러 공동체에 동시에 가입해 활동할 수 있다. 그 공동체들은 대부분 소규모로 형성되고 영향력도 거의 없겠지만, 일부 공동체는 엄청난 수의 회원을 확보하여 경제적·정치적 힘을 보유하게 될 것이다. 회원 전체가 거의 동시에 교신할 수 있기 때문에 지리적 공동체보다 더욱 강력한 공동체가 될 수 있다. 이러한 공동체가 형성될 가능성에 대해서 진지하게 생각해 봐야 한다.

예를 들면 2010년경에는 수백만 명의 환경문제 캠페인 지지자들이 웹을 이용할 것이다. 이 정도의 규모라면 정치에 뜻을 둔 사람들에게 매력적인 집단이 될 것이다. 인터넷으로 대규모 집단을 조종하는 기술은 텔레비전에 출연하거나 즉흥적으로 가두연설을 하는 데 적합한 기술과는 매우 다르겠지만, 어떤 기술로든 이 공동체들을 이용하는 사람이 있을 것이다. 수백만 명이 경제세력을 규합해서 환경을 부당하게 훼손하는 나라에게 제재를 가하고 환경을 훼손하지 않는 방법으로 바꾸도록 압력을 가하는 사태도 상상해 볼 수 있다. 이때 사용하는 무기로는 '지능형' 이메일 한 통이면 충분하다. 이메일을 받은 사람이 '동의합니다' 또는 '예'

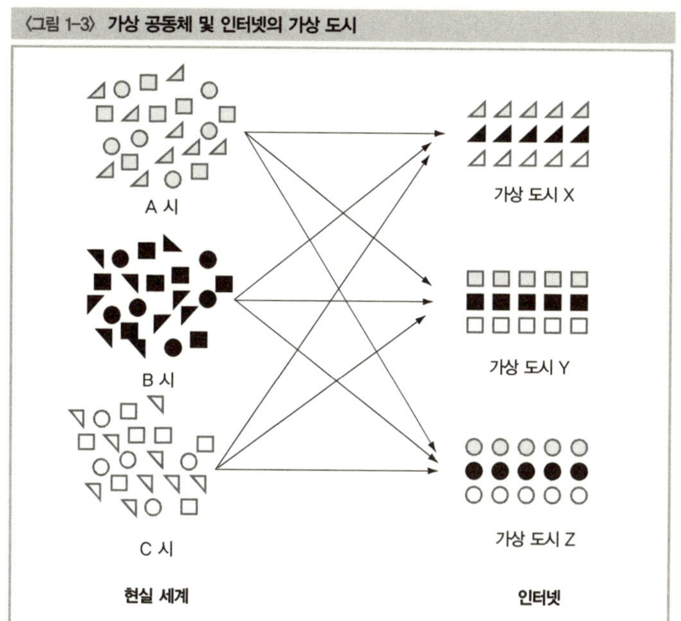

버튼을 누르기만 하면 이메일 수신자의 전자 상거래 환경 설정이 바뀌어 해당 국가가 상거래 대상 국가에서 제외될 수 있다. 회원이 전 세계에 분포되어 있는 공동체가 이런 제재를 할 경우 방어하거나 보복하기가 쉽지 않다.

여성들이 남편이나 남자친구들과 함께 여성에게 평등한 기회를 줄 때까지 한 회사를 상대로 불매운동을 벌이는 사태도 상상할 수 있다. 그럴 경우에 선택은 간단하다. 그들의 요구에 따르든가 사업을 그만두든가 둘 중 하나다. 이렇게 관념적인 가치관을

〈그림 1-4〉 지능형 이메일 한 통으로도 충분한 인터넷 압력

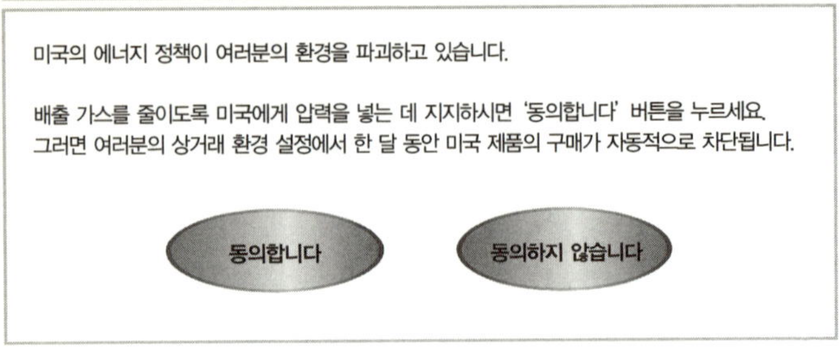

기반으로 한 공동체는 지금도 존재하고 있지만 네트워크가 제대로 연결되어 있지 않고 잠재적으로 성장할 수 있는 규모의 몇 분의 일에 불과하다.

네트워크 공동체는 환경보호주의, 여권신장운동, 비즈니스 윤리, 생활양식, 종교적 신앙 등 각종 가치관을 중심으로 형성될 수 있다. 물론 인종적인 증오와 대립도 사이버 공동체에서 반향을 일으킬 것이다. 우리의 생활양식이나 일체감도 인터넷상에서 일부 압력집단으로부터 반향을 불러일으킬 것이다.

즉각적인 경제 제재는 매우 강력한 무기여서 반드시 성공하게 된다. 어느 네트워크 공동체가 경제적 제재에 성공했다는 소식이 널리 알려지면 그 무기를 사용하려는 공동체가 더 많이 늘어날 것이다. 구성원이 과중한 부담을 느끼지 않는 한 경제적 제재는 계속 강력한 힘을 발휘할 것이다. 그러나 너무 빈번하게 사용하면 오히려 흥미를 잃어 무기의 힘이 약화될 것이다.

경제적 압력이 신속한 효과를 발휘하지 못하면 P2P로 컴퓨터들을 연결해서 서비스 거부 공격Denial of attack에 나설 수도 있다. 막대한 양의 이메일을 서버에 퍼붓거나, 가공의 거래를 대량으로 조작해 웹 사이트 서버를 무력화시키는 것이다. 매우 다양한 지역에서 공격하기 때문에 기업으로서는 이러한 공격을 차단하기가 쉽지 않을 것이다. 결국 목표가 된 서버가 무너져서 사업이나 경제 활동을 더 이상 할 수 없게 만들어버릴 수 있다.

보안 당국은 이러한 잠재력을 이미 인식하고 있어서 방안을 마련하려고 노력하고 있다. 그러나 현재로서는 그런 공격에 매우 취약한 실정이고, 효과적으로 대응할 수 있는 방어책이 나올 징후도 보이지 않는다.

앞으로 컴퓨터가 주도하는 범죄가 발생할 가능성은 매우 높지만 2010년까지는 그런 범죄가 발생할 비율이 낮을 것으로 전망된다. 컴퓨터의 도움을 받든 그렇지 않든 대부분의 범죄는 여전히 사람이 저지를 것이다. 영국에는 이미 교통 위반 등 경미한 범죄를 통제하기 위해 매우 정밀한 감시체계가 세워져 있으나, 강도와 도둑은 언제나 용케 잘 빠져나가고 있어서 경찰이 교통사범처럼 단속하기 쉬운 대상에만 집중하고 있다고 보는 것이 일반적인 인식이다. 그래서 '진짜 범죄'에 단호한 조치를 취하라는 압력이 정치인들에게 거세게 가해지고 있다.

테러 분자의 위협이 점차 증가함에 따라 정치인들에게 가해지던 대중의 항의 같은 전통적인 압박은 완화되고 있고, 테러 분자를 소탕하는 과정에서 시민의 자유가 침해될 가능성이 있다. 2010년경에는 신형 신분증이 도입될 것으로 예상되지만, 신분증에 생체 정보를 사용할지 여부는 아직 불투명하다. 지문이나 홍채 인식 시스템 중 일부는 숙련되고 상상력이 풍부한 위조범의 공격에 취약하다는 사실이 이미 입증됐다.

지문은 고무를 이용해 복제할 수 있고, 일부 홍채 스캔 시스템은 불법 침입자가 구멍을 낸 타인의 홍채 사진을 들고 서 있으면 속일 수 있기 때문에 생명체를 통한 검사라는 취지가 무색하게 됐다. 따라서 이와 같은 생체인식 시스템은 개인식별번호PIN나 다른 물질적인 증표를 보완해야 안전하다고 인정받게 될 것이다.

우리는 이미 이메일과 인터넷 사용에 대해서도 감시를 받고 있다. 우리가 각 웹 사이트를 방문할 때마다 채팅방이나 메일함에 접속할 때마다 테러 행위나 범죄활동의 단서가 될 만한 키워드가 있는지 중간에서 가로채 검열하고 있는 것이다. 이런 검열을 통해 아동을 대상으로 한 성도착증 환자를 검거하는 데 어느 정도 개가를 올리고 있고, 통화 내용으로 음성을 분석하는 것도 가능하다. 이러한 감시체계의 수준이나 능력이 앞으로 10년 동안 획기적으로 발달할 것으로 예상된다.

테러 위협이 심각한 수준에 도달하면 정부는 거대한 민간 감시체계에 접근할 수 있는 법률을 도입할 것이다. 은행과 슈퍼마켓 등은 이미 우리 자신이 기억하고 있는 것보다 더욱 상세하게 우리의 일상적인 활동을 파악하고 있다. 그런 정보가 정부에게 제공될 경우 사람들은 각 상점에서 발행하는 우대 고객 카드나 신용 카드의 사용 빈도를 줄일 것이다. 그러면 결국 지폐나 익명성이 있는 다른 현금 형태의 지불 수단으로 되돌아가는 사태도 발생할 것이다.

범죄자와 테러리스트의 특성을 판단할 수 있고, 거동을 보고 이들을 식별할 수 있는 방법을 찾으려는 연구가 계속되고 있다. 그렇게 쉽게 단서를 제공하는 테러리스트가 있다면 그의 능력을 의심해야겠지만, 항공사에서는 이미 예약을 받을 때 현금으로 편도 항공권을 산다든지 거동이 이상하면 확인하도록 되어 있다. 흥미로운 사실은 실시간으로 녹화한 비디오테이프를 분석해 문제 발생 가능성을 찾아내는 데 성공하고 있다는 점이다. 공항이나 도로에 설치된 감시 카메라로 몸짓 언어를 분석하여 의심스러운 행동을 하는 사람을 간단히 적발할 수 있다.

이러한 기술은 아직 초보적인 단계지만 이미 유용하게 쓰이고 있으며, 앞으로 몇 년 후면 상당히 향상될 것이다. 또한 카메라 시설이 늘어나는 것과 더불어 더욱 널리 확산될 것이다. 테러리스트는 의심을 받지 않게 행동하도록 훈련을 잘 받겠지만, 경찰은 이런 기술을 이용해서 일상적으로 발생하는 범죄행위를 더욱 강력하게 단속할 수 있게 된다. 그러나 어쩌다 실수로 경범죄를 저질러 붙잡히는 사람은 숙달된 범죄자가 아니라 평범한 시민이고, '진짜' 범죄자들은 여전히 법망을 빠져나갈 것이다.

또 다른 도구로는 범행 가능성에 대한 단서를 얻기 위해 개인의 DNA를 분석하는 방법을 들 수 있다. 유전자 분석에 관해서는 아직 의견이 분분하지만 2010년경에 이러한 방법이 의미 있는 역할을 할 수 있게 될 것 같지는 않다. 실제로 '범죄 유발 유전자' 라는 것이 존재하는지도 아직 모르고, 그러한 유전자에 해당된다고 밝혀진 것도 아직 없다. DNA를 추출·분석하는 방식보다는 거동이 수상해 보이는 사람을 적발하는 방식이 오히려 훨씬 쉬울 것 같다. DNA 분석방법이 기술적으로 가능하게 되더라도, 범행 여부에 대해 사전에 DNA 를 검사하는 제도를 채택하려면 법체계를 전면적으로 개정해야 할 것이다.

기술은 앞으로 몇십 년 안에 인류가 예전에 가졌던 어느 것보다 훨씬 강력하게 발달할 것이다. 우리는 언제라도 4분 후에 핵 공격이 시작될 것이라는 경고를 받을 가능성이 있다는 사실을 기억하면서 수십 년 동안 살아왔다. 1950년 이전에는 소행성 충돌이나 전 세계적 전염병과 같이 파국적인 자연재해만이 세상을 그러한 규모로 초토화시킬 수 있었다. 그러나 한 해 한 해 지나면서 새로운 기술이 개발될 때마다 인류가 스스로 파멸할 수 있는 길은 점점 더 늘어나고 있다. 몇몇 국가는 세균전에 사용할 수 있는 새롭고 해로운 유기체를 만들어낼 능력을 갖추고 있다.

우리는 인터넷에서 아무런 제약 없이 최신 기술과 정보를 쉽

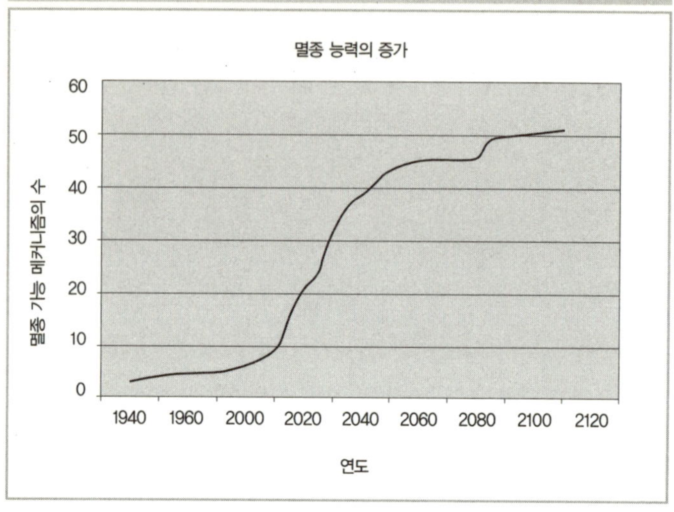

게 구해서 바이러스를 만들어낸 사례를 이미 목격했다. 테러리스트나 적대적인 국가는 이러한 위협을 곧 현실로 바꿀 수 있다. 수백 명 또는 수천 명을 죽이는 소규모 공격에 필요한 기술 개발과 인류 대부분을 멸망시킬 수 있는 기술 개발에는 그다지 차이가 없다. 그런 기술력이 널리 보급되는 것은 시간문제일 뿐이다.

나노테크놀로지와 인공지능도 세상을 종말로 이끄는 무기류로 발전하는 과정에 들어섰다. DNA를 기반으로 한 생물체를 합성 컴퓨터 기술과 융합시키는 박테리아를 만들어낼 가능성도 있다. 이와 같은 '지능형' 박테리아는 눈에 보이지 않을 정도로 작고 자체적으로 번식할 수 있을 것이다. 그런 박테리아의 일부는 물리적 세계에 존재하지만 일부는 인터넷에 존재하게 될 것이다. 우리는 생물학적인 공격을 받는 동시에 경제 지원체계에도 공격을 받을 수 있다.

지능형 박테리아 생산에 필요한 기술은 상당히 진보했으나 앞으로 수십 년 후에나 완성할 수 있을 것으로 보인다. 그러나 그런 박테리아를 온건한 정권이 개발할 것이라고 확신할 수는 없다. 따라서 그런 기술을 규제할 수 있는 방법을 검토해야 한다. 핵 물질을 정제하는 데 필요한 장비와 건물을 감추기가 쉽지 않기 때문에 핵 위협에 대한 대응방법은 매우 직선적이었다. 그러나 신기술에는 큰 장비가 필요하지 않아서 정원 헛간에서도 위협적인 무기를 만들어낼 수 있다.

특정 집단이 심각한 위협요소가 될 만한 물질을 개발할 수 있는 기술에 접근하는 것을 막도록 노력해야 한다. 이를 위해서는 우선 전 세계적으로 규제하고 단속할 수 있는 기구가 있어야 하고, 둘째로 적시에 행동할 수 있어야 한다. 유감스럽게도 대다수의 정치인은 그러한 위협요소가 존재한다는 사실조차 인정하기를 거부하고 있어서 적절히 대응할 수 있는 시기를 놓칠 가능성이 높다.

인터넷을 통해 글로벌 공동체를 만들기가 쉬워진 것만큼 지역 공동체를 만드는 것도 쉬워졌다. 지역 공동체 중에는 이미 네트워크를 구축한 곳이 많으며, 매일 그 수가 증가하고 있다. 지리적 지역 공동체와 관련 있는 활동과 자원이 지역 네트워크로 연결됨에 따라 주민들은 외출하지 않더라도 각종 행사에 참여할 수 있다. 클럽이나 협회, 지방 정부와 공공 서비스, 문화 자원, 교육기관, 사업체 등도 이러한 네트워크를 활용할 수 있다.

이런 네트워크를 운영해서 거두어들일 수 있는 직접적인 수입은 거의 없으며, 광고 수입도 제한되어 있다. 그러나 네트워크가 잘 형성되면 주민들의 생활에 더욱 중요한 존재가 되므로 네트워크를 운영·관리하는 것만으로도 보상받을 수 있을 것이다. 이 네트워크의 주요 사업 모델은 지방 정부와 사업체가 거래처에게 쉽게 접근할 수 있다는 것이다. 네트워크의 아키텍처에 따라서는 운영자들이 공동체에 관한 가치 있는 정보를 수집할 수도 있을 것이다.

지역 공동체 네트워크는 큰 수입을 올릴 기회는 없지만, 지방 정치에는 매우 중요한 역할을 할 것이다. 현재는 노년층이나 장애인뿐만 아니라 상대적으로 기동성이 없는 사람들도 참정권을 박탈당하고 있다. 예를 들어 자녀가 있는 사람들은 아기를 돌봐 줄 사람이 없어서 참여하기 어렵고, 가족과 함께 즐겁게 보낼 수 있는 시간에 협의회나 클럽 모임에 참석하기를 꺼리는 것도 이해가 된다. 하지만 공동체 네트워크를 이용하면 집에서도 웹이나 양방향 텔레비전 채널 또는 휴대 통신기를 통해서 이런 모임에 참여할 수 있다.

의사 결정 과정에 강력한 영향력을 행사할 수 있다는 사실을 깨달으면 참여하는 주민이 늘어나 지역 정치가 더욱 민주화된다. 지역 공동체의 의사 결정 내용이 지역 주민에게 더욱 상세하게 알려지고, 더 많은 사람들이 지역 공동체의 소망을 정확하게 대변하게 되므로 현지 사정을 더 정확히 반영한 결정을 내리게 될 것이다. 따라서 주민들은 다른 지역에서도 동등하게 교육받을 권리를 갖는 한편, 학교를 어디에 세울 것인지 결정할 권한도 얻게 될 것이다. 정치에 개입하는 계층이 늘어남에 따라 정치 후보자가 더 많이 나서게 되더라도 의사 결정의 질에 도움이 되는 정도의 효과밖에 없을 것이다.

세계화로 인한 영향도 강해서 인간의 기본권이나 비즈니스 절차, 과세 및 환경 정책에 관한 결정은 국가 차원이 아니라 지역 또는 세계적 차원에서 내려지는 경우가 더욱 증가할 것이다. 따라서 정치권력이 다극화하여 지역, 지방, 또는 세계적 차원에서 내려지는 결정이 증가하고 국가 차원에서 내리는 결정은 감소할 것이다. 그러다 보면 중앙정부는 점차 양쪽 끝에서부터 붕괴할 것이다.

네트워크를 통해 의사 결정에 참여하는 주민이 늘어날 때 고려해야 할 한 가지 문제가 있다. 사람은 각자 제한된 양의 정보만 처리할 수 있다. 한 마을에 사는 사람들이 모두 이메일이나 전화 통지문, 문자 메시지를 통해서 어떤 문제에 대한 의견을 쉽게 보낼 수 있지만, 궁극적으로 의사를 결정하는 사람은 그 중에서 몇 개의 의견만 읽고 검토할 수밖에 없다는 뜻이다. 인공지능이 각 의견을 요약해서 여론의 통계를 내면 검토하는 데 다소 도움이 되겠지만, 참여하는 사람의 수가 증가할수록 개개인의 의견이 가지고 있는 가치가 희석되는 것을 막을 수는 없다.

처음에는 자신의 의견을 발표하는 일이 기쁘겠지만, 시간이 지나도 자신과 같은 생각을 하는 주민의 수가 그다지 늘지 않고, 과거와 마찬가지로 자신의 의견이 많은 의견 가운데 하나에 불과하다는 사실을 깨달으면 신선함이 사라지고 싫증을 느끼게 될 것이다. 정치세력은 궁극적으로 자신을 지지하는 유권자의 수에 비례한다. 개인적인 참여가 가지고 있는 힘은 언제나 제한적일 수밖에 없으며, 네트워크를 이용한다고 해서 개인적인 힘이 반드시 강화되지는 않는다.

영향력의 성격은 매체의 성격에 따라 어느 정도 좌우된다. 다른 사람과 직접 접촉하는 일에 적합한 사람이 있는가 하면, 텔레비전이나 신문에 어울리는 사람도 있다. 이에 따라 새로운 플랫폼이 몇 가지 있다. 예를 들어 대화방이나 다자간 게임multi-player game, 회의, 웹 방송 등의 매체가 이미 널리 보급됐고, 에버퀘스트Everquest라는 게임은 수십만 명의 열광적인 참가자를 확보했으나 기술은 아직 초보단계에 있다. 조만간 이런 매체가 크게 발전해서 참가자들은 가상 환경에서 만나게 될 것이다. 흡인력이 강한 가상 환경은 매우 매력적인 장소가 될 것이다. 가장 우수한 환경을 제공하는 매체가 더 많은 사람을 끌어들일 것이고, 여기에 모이는 사람들에게 영향을 주려는 사람도 끌어들이게 될 것이다.

그러나 가상 환경은 고작해야 물리적 세계를 모호하게 그려놓은 것에 불과할 수도 있다. 현실적으로는 나이가 들고 용모가 추한 사람이 가상 공간에서는 젊고 매력적인 모습으로 변모할 수 있다. 남자들이 여자 행세를 할 수도 있으며 실제로 그렇게 하기도 한다. 프로그래머는 말할 것도 없고 컴퓨터 프로그램도 사람 행세를 할 수 있다. 이익 공동체 전체가 한 사람으로 표현될 수도 있고, 그와 반대로 한 사람이 이익 공동체 전체로 표현될 수도 있다.

대화 상대가 누구인지, 무엇을 하는 사람인지 확실하지 않은 경우도 태반일 것이다. 어떤 가상 환경에서는 신분증과 사진을 제시하라고 엄격하게 요구하겠지만, 대부분은 그런 요구를 하지 않고, 사람들도 서로의 신분을 확실하게 알지 못한다는 점에 오히려 흥미를 느낄 것이다. 일부러 주요인사의 이미지를 이용해서 그의 명성을 훼손시키려는 사기꾼에 대한 대응책도 마련해야 할 것이다.

이러한 환경은 개인과 기업, 그리고 제품을 선전할 수 있는 새로운 광고 플랫폼이지만, 생활양식이나 정치 견해를 널리 알리는 데도 이상적인 환경이 된다. 가상 환경에서는 언제든지 스톤헨지 유적지를 방문해서 스톤헨지의 용도와 변화된 모습에 대한 다양한 이론도 배울 수 있다. 앞으로 10년 안에는 가상 세계에 스톤헨지의 유적이 정확하게 재현되고, 고대 켈트족의 종교였던 드루이드교의 신도들이 스톤헨지 주위를 돌며 춤추는 모습도 보게 될 것이다. 분위기만 좋으면 예식에 참여하고 어울릴 수 있고, 드루이드교의 신앙과 생활양식에 관심을 가지는 사람도 늘어날 것이다.

소수의 이익을 대변하는 이익단체들도 지지자를 그러모으기 위해 가상 환경을 이용할 것이다. 주류층의 견해가 마치 일반적인 경향인 것처럼 포장되어 가상 환경에 슬며시 올려지기도 할 것이다.

　서구 세계의 전쟁은 이미 매우 유연해져서 실제적인 폭력을 동원하는 경우가 드물다. 대신 선전물이나 점진적인 영향력 행사, 또는 제재조치에 의존하는 추세다. 예를 들어 오스트레일리아의 텔레비전 드라마 〈이웃들Neighbors〉은 짧은 기간 안에 어떠한 침략군보다도 빨리 오스트레일리아에 대한 영국인의 생각을 바꾸어놓았다. 이런 변화를 받아들이는 쪽이 그 사실을 미처 깨닫지 못하는 경우도 종종 있을 것이다. 네트워크가 가지고 있는 잠재력은 이처럼 무한하다.

　물론 모든 커뮤니케이션이 가상 환경에서만 이루어지는 것은 아니지만, 가상 공간에는 언어의 번역이나 문화 통역, 그리고 지능을 위장할 수 있는 잠재력도 있어서 대단히 유용하다. 전 세계적으로 제스처나 관습이 다르기 때문에 각기 다른 문화권에 속한 사람들 사이에 오해가 발생하는 일이 흔하다. 하지만 컴퓨터라는 중간 매체를 이용하면 양측을 이해하고 어느 쪽의 감정도 상하지 않게 제스처나 관습적인 언행을 '통역' 할 수 있다. 지능이 낮은 사람이 보내는 이력서나 이메일을 올바른 문법과 양식에 맞추어 지능이 높은 사람들이 구사하는 언어로 자동적으로 재작성할 수도 있다. 반대로 과학자와 기술자들은 알기 쉬운 용어로 자신의 생각을 전달할 수 있어서 더 많은 효과를 거둘 수 있다. 적어도 한 번쯤은 그러한 도구를 사용하는 것도 이로울 것이다.

가장 강력한 도구는 지식의 접근과 사용권이다. 사람들은 이제 의사의 의견을 일방적으로 받아들이지 않고 인터넷을 통해 모든 질병과 치료법에 대한 전문가의 최신 의견을 입수할 수 있다. 그에 따라 이미 돌이킬 수 없을 만큼 힘의 균형이 변화했지만, 변화를 달갑지 않게 생각하는 의사들이 많다. 다른 전문직도 이와 같은 영향을 받게 될 것이다.

실제로 인공지능은 전문직종의 영향력을 점차 잠식한다. 오늘날의 전문 시스템이나 신경 회로망 기술에 의사나 변호사의 기능을 모두 담을 수는 없지만, 인공지능이 진화함에 따라 인간과 기계로 구성된 팀 안에서 전문 인력이 차지하던 지배적인 역할이 줄어들 것이다. 15년 내에는 인공지능을 이용해서 거의 모든 지적인 과제를 저렴한 비용으로 훌륭하고 신속하게 해결할 수 있을 것이다. 건설장비가 인간의 신체적 힘과 대체됐듯이 컴퓨터가 인간의 지능을 능가함으로써 인간을 대신하게 될 것이다. 그러면 똑똑한 사람의 경제적 가치는 떨어지고, 똑똑한 기계가 위대한 무기가 될 것이다.

BUSINESS 2010
기술
혁명이
부른
비즈니스
혁명

PART 2

01 | 성공의 관건은 속도와 적응력

비즈니스 환경에서 경쟁이 점점 더 치열해지는 것은 다음과 같은 두 가지 이유 때문이다. 첫째는 세계 곳곳에서 무역 장벽이 제거됐기 때문이다. 장벽이 없어지면서 한 국가 안에 있는 기업들이 세계 경쟁 속으로 빠져들게 되었다. 제품 면에서나 비용 면에서 세계에서 제일 우수한 기업에 대항할 수 있는 기업만 살아남게 된다.

두 번째 이유는 현재 보유하고 있는 막대한 생산능력이다. 특히 생산능력 과잉현상이 심한 백색가전제품 부문에서 성공적인 제품에 대한 수요를 신속하게 충족시킬 수 있기 때문에 시장이 급속도로 포화상태에 빠져들었다. 예를 들면 선진국에서 휴대전화 판매가 부진한 주요 원인은 휴대전화를 갖기 원하는 사람들이 거의 모두 하나씩 가지고 있기 때문이다. 성장을 지속하려면 각 기업이 홈 시네마처럼 새로운 종류의 제품을 소개하든지, 기존 제품을 정기적으로 변경시켜 소비자로 하여금 오래된 제품을 교환하도록 유도해야 한다.

기업들은 글로벌 경쟁에 대처하기 위해 비용을 절감할 수 있는 방안도 계속 모색하고 있다. 새로운 글로벌 경제시대에 성공하기 위해서는 반드시 혁신이 필요하다. 그러나 어떤 혁신 제품이 성공을 거둘 기미만 보이면 다른 기업에서 즉시 모방하기 때문에 성공하기 위해서는 속도와 적응력이 결정적으로 중요하다. 각 기업은 경쟁자보다 더 빠른 속도로 혁신해서 시장에 먼저 진출하는 이점을 얻든가, 기본적인 구상은 모방하되 더 높은 수준의 표준규격을 갖추거나 저렴한 비용으로 제품을 생산해야 경쟁력을 갖출 수 있다. 두 가지 전략 모두 이점과 위험을 가지고 있는데, 두 가지 전략에 모두 비슷한 기술이 필요하다는 사실은 항상 간과되고 있다. 그 전략들을 수행하려면 우수한 기술 지식과 고객에 대한 통찰력이 필요하고, 모방 기업은 혁신 기업보다 더 신속하게 디자인의 개념을 제품으로 변환시킬 수 있는 처리 절차를 갖추어야 한다는 점이다.

이처럼 혁신과 모방, 그리고 한층 더 나아간 혁신의 상호작용이 지속적으로 이어지므로 혁신적인 업체는 경쟁에서 한발 앞서기 위해 끝없이 고투를 벌여야 한다. 자연계의 포식자와 먹잇감이 진화하는 과정에서도 비슷한 작용을 관찰할 수 있다. 포식자가 더욱 유능한 사냥꾼으로 진화하면 먹잇감도 포식자와 맞설 수 있도록 진화하고, 포식자는 다시 한층 더 진화하게 된다. 이처럼 각 생물의 종種이 지속적으로 상호 진화하는 것은 쉬지 않고 달려야 하는 '레드 퀸' 효과를 실증하는 대표적인 본보기다.

비즈니스 부문에서도 경쟁자의 혁신과 변화하는 고객의 기대에 대응하려면 변화 속도를 점점 더 높여야 한다. 제조업은 점차 패션 산업을 닮아가게 될 것이다. 패션 산업이 시도하는 혁신은 주로 개개인으로 하여금 가지고 있는 물품을 정기적으로 바꾸도록 유도하는 것으로서, 스타일이나 디자인이 기술 혁신만큼이나 중요하게 될 것이다. 예를 들면 현재는 그저 패션 상품으로 팔리고 있는 시계의 경우 기업들이 스와치Swatch나 스톰Storm처럼 대량시장을 겨냥할 것인지, 롤렉스Rolex처럼 특수한 시장을 대상으로 할 것인지 결정해야 한다.

혁신과 신속하고 유연한 생산에 중점을 두는 것이 전문가 수준의 기술을 보유하고 있는 개인이나 기업에게 모두 유리하다. 디자인과 기술, 생산, 마케팅 등 모든 분야에서 세계적인 수준의 팀을 보유하고 있는 업체는 거의 없을 것이다. 세계적인 제품이나 우수한 브랜드를 만들려면 함께 일할 팀을 조직해서 특정 프로젝트를 추진해야 한다. 이것이 가상 비즈니스의 성장을 촉진시키는 아이디어 가운데 하나다. 전 세계의 인재들이 프로젝트에 참여할 수 있고, 핵심적인 부가가치는 혁신적인 아이디어, 디자인, 그리고 마케팅에서 얻게 될 것이다. 생산 공정은 점차 일종의 상품화 서비스로 취급될 것이다. 나이키처럼 세계적인 브랜드 메이커는 부가가치가 낮은 생산 공정을 개발도상국에 하도급으로 맡길 것이다.

02

관리업무의 아웃소싱화

지금까지 생산 공정의 자동화는 한 세기 이상 지속되어 왔지만, 관리업무와 사무의 자동화는 아직도 새로운 분야로 남아 있다. 하지만 데이터 처리 시스템은 1960년대부터 사용해왔으며, 요즘에는 현금 자동 지급기와 지능형 음성 응답Intelligent Voice Response 시스템을 당연한 것으로 받아들여 예전에 인간이 했던 업무를 맡기고 있다.

관리업무와 사무 자동화에 대한 인식이 낮은 이유는 생산 공정의 자동화가 근로자의 생산성을 큰 폭으로 증가시키는 반면, 관리업무의 자동화로 개선된 부분은 측정하기 어렵기 때문이었다. 사실 각 기업이 회사와 사업의 조직 방식을 변경하기 위해 다양한 정보 시스템을 운영하기 시작한 것은 불과 10년 남짓밖에

되지 않았다. 저명한 경제학자 조지프 스티글리츠Joseph Stiglitz에 따르면, 1990년대의 호경기는 과거 수십 년 동안 정보산업에 투자한 결과가 마침내 결실을 맺은 것이었다.

앞으로 10년 후에는 그 영향이 더욱 크게 나타날 것이다. '경영정보 시스템Management Information System' 이라는 포괄적인 용어를 버리고 다양한 전문 시스템이 개발·시행될 것이다. 즉, 공급사슬관리SCM: Supply Chain Management 및 공급자관계관리SRM: Supplier Relationship Management, 기업자원관리ERM: Enterprise Resource Management, 직원관계관리Employee Relationship Management 및 인적자본관리HCM: Human Capital Management, 고객관계관리CRM: Customer Relationship Management, 비즈니스 지능 시스템BIS: Business Intelligence System 및 지식관리 시스템KMS: Knowledge Management System 등으로 세분화된다. 이러한 시스템을 통해 정보기술의 능력을 활용하고 데이터를 신속하게 수집·처리함으로써 정보를 각 부문이나 회사의 경영자 또는 공급사슬 전체에 제공할 수 있다.

미래에는 지능형 시스템을 통해 더욱 효율적이고 적절하게 정보를 제공할 수 있게 될 것이다. 기능이 향상된 센서를 활용해 사람이나 장비, 환경 등을 관찰하고, 사람의 말을 어느 정도 이해할 수 있게 된 인공지능 시스템이 대화 내용을 관찰해서 필요할 때마다 개개인에게 정보를 전달하는 수단으로 이용될 것이다.

그러나 컴퓨터를 기반으로 한 경영관리 시스템의 시행은 단순히 인원 몇 명과 서식 몇 개를 전자방식으로 바꾸는 데 그치면 안 된다. IT 시스템을 시행하려면 회사의 조직 방식을 완전히 재조정해야 한다. 기존 처리 절차와 조화를 이룰 수 있도록 시스템을 수정할 수 있다고 주장하는 시스템 납품업자들이 많지만, 실제로는 IT 시스템과 기존 처리 절차를 조화시키기보다 회사의 처리 절차를 바꾸는 것이 오히려 쉬운 경우가 허다하다.

회사의 처리 절차를 바꾸는 일은 회사 구성원들의 이해관계와 밀접한 관계가 있다. 회사의 구성원들은 새로운 시스템을 도입해 생산성이 증가되면 일자리를 잃게 되리라는 두려움을 느끼기 때문이다. 이렇게 극단적인 결과가 초래되지 않는 경우에도 업무의 성격이 완전히 바뀔 수 있다. 틀에 박힌 일상 업무를 테크놀로지가 자동화해 줌으로써 사람들은 일상 업무에서 벗어나 창의성과 공감대가 필요한 업무에 전념할 수 있을 것이라고 기대한다. 그러나 전혀 융통성이 없고 경직된 처리 절차를 유지한 채 이 시스템을 도입하면 인적 자원이 의욕을 상실한 단순노동인력으로 전락하는 결과가 초래될 것이다.

고객관계관리 측면에서는 사람이 시스템과 상호작용하는 방식에 중점을 둔다. 우리는 모두 고객관리 센터에 전화를 걸었을 때 복잡한 메뉴를 선택하는 과정을 거친 후에야 비로소 진짜 사람과 통화할 수 있었던 경험을 가지고 있다. 최종적으로 통화가 되더라도 담당자가 정확한 정보를 가지고 있지 않거나, 내부적인 업무를 처리하기 위해 가능한 한 빨리 통화를 끝내려고 하면 전혀 도움을 받지 못한다. 최근의 각종 보고서에 따르면, 고객관계관리 시스템의 투자 수익률ROI을 측정한 결과 투입된 자금에 비해 별로 좋은 가치를 창출하지 못했다. 그러나 고객관계관리 시스템의 진정한 가치는 고객 만족도 및 기존고객 유지에 관련된 것이므로 측정하기가 어렵다.

주요 시스템 제공업체는 대부분 실시간 데이터 모니터링과 분석을 할 수 있는 완벽한 경영관리 기반구조를 제공하는 일체형 솔루션 개발을 목표로 연구하고 있다. CEO가 기업 평점 카드를 토대로 회사 전체와 주요 부서별로 작성된 핵심 성과 지표 현황을 회사 상황판 위에서 읽을 수 있게 하는 것이 이상적이지만, 현재로서는 아직 꿈에 불과한 일이다. 한 회사에 필요한 시스템을 종합적으로 공급할 수 있는 공급자는 전혀 없고, 지적재산권의 대상이 되는 시스템만 많기 때문에 각 시스템이 서로 호환되지 않는다. 또한 어느 산업분야의 어떤 기업에게든 사용될 수 있는 범용 시스템을 개발하는 것이 과연 가능한 일인지조차 불투명하다.

미래에는 시스템의 상호 운영 가능성이 더욱 중요한 문제가 될 것이다. 일부 분석가들의 주장에 따르면, 각 업체가 점차 서로 의존하게 되기 때문에 미래의 경쟁은 개별 기업 사이의 경쟁이 아니라 가치 네트워크 간의 경쟁이 될 것이다. 이 주장이 맞다면 각 기업은 가치 네트워크의 모든 부분을 연결하는 경영관리 시스템을 갖추어야 한다. 공급사슬관리 및 공급자관계관리 시스템은 이미 각 기업 사이에 운영되고 있지만, 기업자원관리 및 인적자본관리 시스템처럼 내부 시스템과도 상호작용을 해야 한다. 또한 데이터의 저장 방법과 경영관리 애플리케이션 간의 데이터 전송 방법에 대한 표준도 정해야 할 것이다.

대규모 일체형 경영관리 시스템에 대한 대안으로는 웹 서비스 개념이 있다. 이 아이디어는 소프트웨어 제작회사, 소규모 애플리케이션 제작자 및 소규모 애플리케이션 회사가 특정 기능을 제공하는 각종 소형 프로그램을 개발하는 것이다. 각 웹 서비스 업체가 제휴해서 충분한 표준을 개발하고 그 표준에 맞춰 시스템을 구축하면 맞춤형 경영관리 시스템을 제작할 수 있을 것이다. 이에 관련된 비즈니스 모델은 아직 개발되지 않은 상태다. 그러나 주요 시스템 제공업체들은 이미 일부 웹 서비스 표준과 호환될 수 있도록 자사 제품을 수정하기 시작했다. 기업들은 미래에도 대형 시스템 제작회사로부터 기본 경영관리 기반 시스템을 구입하겠지만, 각 기업의 특성에 맞게 재구성할 것이다. 맞춤형 시스템은 시스템 공급자, 전문회사 또는 내부 부서에 의해 구축될 것이다.

경영자들에게는 업무 현황을 예전보다 세밀하게 관리할 수 있는 능력이 매력적으로 보이겠지만, 오히려 그런 기술이 생산성에 나쁜 영향을 줄 수도 있다. 정보기술의 도입은 대개 종이 서식을 전자 서식으로 바꾸는 작업으로 시작되며, 이 시기에 기업 정보 시스템으로 통합하는 작업이 가능하다. 전자 확인기능과 관리기능을 추가하는 작업도 인트라넷을 구축하는 도중에 시행하는 것이 쉽다.

서식을 모두 전자방식으로 통합하면 일일이 수작업으로 확인할 필요가 없다. 비용청구서 중에서 몇 개만 표본으로 추출해 모든 청구서를 컴퓨터로 실시간 확인할 수 있기 때문이다. 회계 담당자가 이러한 기능을 갖게 되면 관리 권한이 더욱 커지고 폐습이 줄어들 것이라고 느끼겠지만, 대신 서식을 작성하는 시간이 크게 증가할 것이다. 이는 전자방식으로 전환함으로 인해 생기는 결과가 아니라 관리 권한을 더욱 많이 확보하기 위한 기회로 이용하려는 유혹에 빠진 결과다.

시스템을 운용하는 사람은 직원들에게 데이터 입력 시스템을 철저히 사용하라고 강요하고, 더 많은 데이터를 수집하려고 애쓸 것이다. 시스템이 조잡하게 설계되어 메뉴가 끝없이 이어지고, 최종 사용자들과 협의도 하지 않고 일방적으로 선택기능을 설정해 놓음으로써 시간을 비효율적으로 사용하게 될 우려도 있다. 필자의 회사에서도 비용 관련 업무를 인트라넷으로 이관하자 서식을 작성하는 데 필요한 시간이 열 배쯤 늘었다. 소프트웨어가 조잡하게 설계됐고, 회계 담당자의 열성이 지나쳤던 결과다. 부정행위를 줄임으로써 절감할 수 있는 비용에 비해 관리에 소요되는 시간이 훨씬 더 많이 증가할 가능성이 있는 것이다.

이런 문제가 발생하는 원인은 대개 관리에 소요되는 시간을 측정하지 않기 때문이다. 그래서 생산성이 다소 떨어지더라도 시스템을 변경하지 않는 것이다. 시간 관리, 대금 청구, 물품 주문, 지원 시스템 취급 등 전자관리 시스템을 완전히 교체하는 과정에서 이런 문제들이 발생하기 쉽다. 인트라넷을 통해 새로운 절차와 서식을 회사 전체에 신속하게 적용할 수 있기 때문에 경영진은 더 많은 정보를 수집하고 회사 전반에 대한 관리 권한을 더욱 확보하려는 유혹을 뿌리치지 못한다. 하지만 실제 데이터를 수집해 새로운 시스템을 다루는 데 걸린 시간을 확인하지 않는 한, 경영진은 실제로 비용 절감의 효과를 얻었는지 전혀 알 수가 없다. 또한 전자 서식을 이용해 얻을 수 있는 이득이 근로자의 생산성과 사기가 점점 저하됨으로 인해 상쇄되거나 악화될 수 있다. 이는 실제 각 기업에서 매우 보편적으로 일어나는 현상이다. 한 부서가 다른 부서를 관리함으로써 표면적으로는 회사에 대한 기여도가 증가하는 듯 보이지만, 전체 생산량은 떨어진다.

예를 들어 엔지니어는 투자자에게 새로운 프로젝트에 대한 견실한 사업계획을 제시해야 하지만, 관리 부문에는 그런 절차가 부족해 보인다. 새로운 시스템을 도입하려면 회계 담당자와 기타 관리자들로 하여금 그 시스템을 시행함으로써 절감할 수 있는 금액이 회사 전체의 비용에 비해 크다는 점을 입증하게 해야 한다. 또한 이들이 회사 전체를 위한 모델을 적용했다는 것을 입증하게 해야 한다. 다른 근로자나 회사의 다른 부서를 희생시켜 국지적으로 비용을 절감할 수 있는 길을 찾는 것은 무척 쉽기 때문이다. 현대적인 기업에서조차 이러한 절차를 따른 경우를 거의 발견할 수 없으니 매우 당혹스러울 뿐이다.

인트라넷이 지배하는 이 새로운 세계는 당연히 관리자들이 득세할 수 있는 환경이다. 관리자들은 진화 과정에서 다른 직원에 비해 유리한 점이 하나 있다. 그들은 포식자가 없는 먹이사슬의 맨 꼭대기에 살고 있으며, 새로 공급되는 틈새가 풍부하기 때문에 영역을 확대할 수 있다. 고정 간접비가 현저하게 증가하면 장기적으로는 기업이 고통을 받게 되지만, 고정 간접비는 대체로 측정 시스템에서 제외된다. 이는 분명히 정보기술 시스템을 시행하는 회사가 직면하는 가장 큰 함정 가운데 하나다. 따라서 정보기술의 이득이 실현되는 데 오랜 세월이 걸리는 것도 당연한 일이다.

미시경영의 문제는 정보기술 시스템이나 인트라넷에서만 나타나는 것이 아니다. 경영자들이 회사의 하부 조직에서 진행되고 있는 일일 업무를 세밀하게 알지 못하기 때문에 각종 활동의 체계적인 중요성을 완벽하게 이해하지 못할 수도 있다. 예를 들면 기술연구실을 관리할 때 흔히 발생하는 착오가 커피 시간을 없애버리면 '생산성이 향상된다' 는 발상이다. 이러한 믿음에 따르면 근로자들이 실제로 일하는 데 시간을 더 투입하면 생산성이 증가한다.

그러나 업무의 성격상 엔지니어는 다른 프로젝트를 담당하고 있는 사람들과 만나야 새로운 아이디어를 많이 얻을 수 있다. 프로젝트 간의 교류는 엔지니어들이 서로 만났을 때만 이루어지며, 이런 교류는 전통적으로 커피 시간이나 정수기 앞에서 이루어지는 경우가 많다. 이런 만남을 줄이면 책상에 앉아 있는 시간이 늘어나겠지만, 새로운 아이디어를 얻을 근원을 봉쇄하는 것이다. 그러므로 단기적인 생산성은 향상되겠지만 미래에도 회사가 존속할 확률은 낮아질 것이다. 직원들의 커피 시간을 폐지했던 업체 중에는 각종 모임을 다시 도입해서 커피 한 잔 마시는 데 소요되는 시간보다 더 많은 시간을 할애하는 경우가 늘고 있다.

집중화 현상 또한 매력적으로 보이는 관리 트렌드지만, 효율성이 떨어지는 결과를 초래하는 경우가 흔하다. 집중화를 택하는 이유는 대개 단일 기업 시스템이 유지하기 쉽고, 규모의 경제성이 있고, 아웃소싱이 쉽고, 비용을 절감할 수 있으며, 관리가 간단하기 때문이다. 그러나 부정적인 측면은 측정하기도 어렵고 측정 결과를 무시하는 경향도 흔하다.

집중화는 종종 개인적인 유대관계를 깨뜨리고, 지원 시스템과의 거리가 멀어져서 접근하거나 이용하기가 어려워지고, 똑같은 결과를 달성하는 데 더 오랜 시간이 걸리는 결과를 초래한다. 가까이 있는 비서에게 가면 업무 처리에 필요한 사람의 연락처를 최소한의 비용으로 간단히 알 수 있는데, 인트라넷을 통해 중앙 시스템에서 그와 같은 지원을 받으려면 몇 가지 서식을 작성한 다음에 오랜 시간을 기다려야 한다. 인트라넷이 완벽하게 설계되어 있지 않으면 직원들이 서식이나 계약서를 찾는 데 오랜 시간이 걸린다는 점도 문제다. 그 결과, 집중화로 절감하려다가 효율성을 더 떨어뜨리게 될 것이다. 이러한 절차를 사용하는 데 소비되는 시간을 측정하지 않는 한 그러한 절차의 타당성을 뒷받침할 만한 증거를 찾지 못할 것이다.

경영관리 시스템의 감성화

지난 10년 동안 각 업체는 국제적인 핵심 기술 및 능력 개발에 집중해 왔다. 주로 식품 조달이나 복제 같은 업무는 전문회사에게 외주로 맡기는 추세였다. 이는 경쟁 압력에 대응해서 비용을 절감하고 세계 시장에서 경쟁력이 있는 가치사슬을 갖출 필요가 있기 때문이었다. 이런 변화는 정보통신기술을 사용하는 범위가 넓어지고 있는 상황을 반영하는 것이기도 하다. 정보통신기술을 이용함으로써 각 기업은 정보를 좀더 쉽게 공유할 수 있게 됐고, 거래 비용이 감소했다.

앞에서 설명한 새로운 경영관리 시스템은 아웃소싱이 확대되는 추세를 가속화할 것이다. 인사 및 인적자원관리와 일부 재정 업무처럼 현재 핵심 업무로 간주되고 있는 기능도 외부기관에 맡기게 될 것이다. 경우에 따라서는 생산 및 구매 업무도 외주를 줄 수 있다. 결론적으로 모든 제품과 서비스가 각기 다른 전문회사의 협력을 통해 만들어지게 될 것이다. 그에 따라 경쟁은 각 회사들 사이가 아닌, 공급사슬 또는 가치사슬 사이에서 벌어질 것이다.

다양한 방법으로 구성된 가치사슬이 새로운 경쟁자가 될 것이다. 과거에는 생산에 필요한 고정비용이 거액이거나, 규모에 따라 거래 비용이 감소했기 때문에 규모의 경제가 대기업의 추진동력이었다. 그러나 정보통신기술이 거래비용의 수준을 낮춘다는 사실은 이미 입증됐다. 대부분의 회사가 개별 도급자나 중소기업의 규모를 갖추고 느슨한 제휴사 형태로 연합할 것이다. 이탈리아 의류 산업 지역이 이러한 기업구조의 모델이다. 이 지역에서는 소규모 업체들이 밀집해 패션 의류를 생산하고 있다. 이곳은 경쟁이 매우 심한 사업 환경이지만 모든 업체가 공동 기술 기반에 의존하고 있으며, 각 회사 구성원 사이에 개인적인 유대관계가 친밀하다. 이 지역의 핵심 인물은 '선대상인impannatore' 이라고 불리는 중개상인으로, 시장의 트렌드를 파악하고 수요에 맞게 의류 생산을 조정한다.

또 다른 기업구조의 대안으로는 무수히 많은 소규모 공급업자의 중심 역할을 하는 단일 회사가 있다. 과거에는 생산능력에 대한 지배권과 규모에서 영향력이 나왔다. 그러나 생산이 상품화 서비스로 변화함에 따라 고객 관계를 보유하고 있는 기업에게로 세력이 이동하고 있다. 이러한 기업 중에는 오랜 기간 강력하고 신뢰받는 브랜드를 유지하고 있는 대기업도 있다. 예를 들어 오랜 전통을 가진 할리우드 영화 제작사들은 이제 더 이상 영화배우와 감독, 카메라맨 등을 채용하지 않고 주로 소규모 제작회사에게 영화 제작을 맡긴다. 그러면 소규모 제작회사들이 개인적인 연고에 의존해 적합한 인물을 찾아서 필요한 인원을 모은다. 그러나 오랜 역사를 가진 스튜디오는 자금을 제공하기도 하고 영화 배급 시장을 지배하기도 하면서 여전히 상당한 영향력을 행사하고 있다.

경쟁 압력이 높아지고 정보통신기술의 발달로 외주를 맡기기가 쉽고 비용이 저렴하기 때문에 앞으로 10년 동안 아웃소싱의 중요성은 더욱 증대될 것이다. 기업이 성공하려면 새로운 기술을 익히고, 세계적인 수준의 핵심 능력을 보유하고 있어야 한다. 핵심 능력에는 마케팅, 디자인, 연구 등의 능력이 포함된다. 또한 다른 회사와의 관계를 관리하고, 보완적인 기술을 가지고 있는 회사를 물색하고, 회사 간의 가치사슬 안에서 일하는 법도 알아야 한다. 한 가지 제품에 대해서는 다른 회사와 협력하는 동시에 다른 제품의 사슬에서는 그 회사와 경쟁관계에 놓일 수도 있다. 각 기업은 비즈니스 환경을 면밀하게 관찰해서 새로운 기회와 동반자를 물색해야 할 것이다.

　모든 상품과 서비스가 점점 패션 상품을 닮게 되고, 디자인과 마케팅에 더욱 중점을 두게 될 것이다. 세계 시장에서 가치사슬끼리 경쟁을 벌이면, 구매자들은 경쟁 상품 중에서 신뢰받고 있는 브랜드를 선택할 것이다. 따라서 브랜드 관리가 각 회사 경영진의 주요 관심사가 될 것이다.

　각 기업의 환경이 지속적으로 변화하고 있으며, 변화의 속도가 빨라지고 있다. 혁신이 경쟁력의 핵심 근원인 세계에서는 '명령과 통제'라는 전통적인 관리방식이 적당하지 않다고 주장하는 평론가가 많다. 경영학의 대가 피터 드러커는 물질적인 자본을 소유한 사람들로부터 지적 자본을 가진 지식 근로자에게 세력이 이동한다고 저술한 바 있다. 지식 근로자들에게는 통제 위주의 시스템이 부적절할 뿐만 아니라 역효과를 낼 수 있다. 이들은 관리 환경이 번거롭다고 느끼면 다른 곳으로 이동할 것이다. 그러므로 지식관리는 비단 기술 시스템에 그치는 것이 아니라 그 이상으로 중요한 일이며, 지식 근로자를 관리하는 방법을 연구하는 일도 마찬가지다. 앞으로 경영진은 업무를 지원하는 '코치' 역할을 하거나 오케스트라의 지휘자처럼 조정자의 역할을 맡아야 한다. 단원들이 지휘자를 선출하고 지휘자는 단지 단원들이 채용한 피고용인에 지나지 않는 오케스트라가 많다는 사실을 감안하면, 후자의 비유는 시사하는 바가 크다.

　복잡성 적응체제 연구 결과를 근거로 각종 접근법을 이용하고 다변화를 촉진하는 방향으로 기업 구조를 바꾸어 관리해야 한다고 주장하는 평론가들도 있다. 그들은 주어진 시간에 최상의 전략을 찾아낼 수 있는 능력을 가진 사람은 아무도 없다고 말한다. 따라서 지도자의 역할은 개개인이 지속적으로 변화하는 환경에 대응하도록 다른 사람들과 협력할 수 있는 여건을 조성해 주는 것이다.

복합 시스템의 정의는 여전히 논란의 근원이 되고 있으나 이 시스템의 핵심적인 특징은 많은 수의 개별 주체가 포함된다는 것이다. 이 주체들은 다양한 행동을 보이면서 서로 연계되고, 각자의 개별적인 행동이 다른 주체의 행동으로부터 영향을 받는다. 복잡성 이론가들은 변화 관리의 3대 핵심 개념을 다음과 같이 강조한다.

- 진화Evloution
- 출현Emergence
- 혼돈의 가장자리Edge of Chaos

진화

생물학에서는 진화를 생물이 환경 변화에 적응하는 과정이라고 설명한다. 기업도 정적靜的인 존재가 아니므로 경쟁 압력에 따라 변화해야 한다. 기존 제품을 향상시키거나 새로운 제품을 생산해 적응능력을 개선하도록 노력해야 한다. 그러나이 과정은 일방적인 것이 아니다. 한 회사가 효과적인 혁신 방안을 만들어내면 경쟁자들이 더욱 혁신적인 방안으로 대응한다. 이것이 앞서 설명한 '레드 퀸' 효과다. 한 회사와 그 경쟁자들이 만들어낸 혁신 방안은 고객의 새로운 욕구와 기대를 창출할 것이다. 따라서 한 회사의 진화만 생각하지 말고, 경쟁자와 고객은 물론 공급자와 사업 제휴사 등 타인과 함께 진화할 방법을 생각해야 한다.

조직의 진화는 학습능력과 관련이 있다. 한 조직의 구성원들이 정보를 공유함으로써 현재 어떤 변화가 일어나고 있는지에 대해 모두가 알고 있어야 한다. 관리자들은 변화를 효과적으로 관리하기 위해 회사 내부와 주변에 거미줄처럼 얽혀 있는 관계를 관리할 방법을 생각해야 한다. 경쟁이 개별 기업 사이에서 벌어지는 것이 아니라 가치사슬 사이에서 벌어지기 때문이다.

출현

과학은 전통적으로 복합적인 사물을 모두 단순한 사물이나 기본적인 사물로 설명할 수 있다는 환원주의적 견해를 택해 복합적인 체계를 개개의 요소로 분해하여 파악해 왔다. 이와 유사한 생각을 과학적 경영에 적용해서 복합적인 과제를 여러 개의 단순한 과제로 나누고, 각 과제의 효율성을 극대화함으로써 전체 과정의 효율성을 극대화할 수 있다. 그에 따라 기업은 각종 부서로 나뉘고, 각 부서별로 목표가 설정된다. 그러나 이런 방식은 한 조직이나 업무 처리 과정이 서로 연관되어 있다는 사실을 무시하는 것이다. 그에 따라 같은 조직 안에 있는 한 부서가 다른 부서를 희생시킨 대가로 자기 목표를 달성하는 경우가 허다하다.

이와 반대로 복잡성 이론에서는 각 부서가 서로 연관성이 있으므로 한 가지 사업이나 업무 처리 과정의 각 부분을 결합시키면 개개의 행동에서 예상할 수 없었던 새로운 행동이 출현한다는 사실을 강조한다. 실제로 전체는 각 부분의 합보다 더 크고, 각 회사가 목표를 설정하고 성과를 측정하는 방식에 영향을 미친다는 점을 새삼 인식하게 된다. 한 조직을 구성하고 있는 여러 부문이 협력할 수 있는 분위기를 조성해 단위별 성과보다 조직 전체의 성과를 극대화할 수 있는 목표를 설정해야 한다.

혼돈의 가장자리

복잡성 이론가의 입장에서 보면 이것은 마치 성배

聖杯와 같다. 정확한 위치가 어딘지 알아내기가 막막하지만 반드시 찾아내야 한다. 한 조직이 변화하는 환경에 따라 진화하고 새로운 환경에 적응하려면 일정한 수준의 구조를 갖추고 있어야 한다. 그러나 이 구조가 너무 경직되어 있으면 변화하는 환경에 신속하게 대응할 수 없다. 기업이 엄격한 질서를 갖춘 상태와 아무런 구조를 갖추지 않은 혼돈 상태 사이에 가로놓인 경계선, 즉 혼돈의 가장자리에 있는 것이 바람직하다.

이 비유의 의미를 설명하기는 매우 어렵다. 어떤 사람들은 그것을 한 회사의 공식적인 계급체계와 그 집단에 존재하는 개인적인 유대관계의 ‘그림자 구조shadow structure’ 사이에 발생하는 긴장상태라고 설명한다. 공식적인 구조와 ‘그림자 구조’가 너무 밀착하면 조직이 경화되기 쉽다. ‘집단적인 사고’는 변화를 추구하는 아이디어에 반발하기 때문이다. 이와 반대로 공식적인 구조와 ‘그림자 구조’가 서로 적대적인 관계를 보이면 무질서 상태에 빠져 변화를 이행할 수가 없다. 따라서 어떤 사람들은 다양한 아이디어를 개발하고 교환하도록 유도하려면 조직 내에 비공식적인 유대관계를 많이 만들 필요가 있다고 강조하기도 한다. 결국 여러 아이디어를 채택해 효과적으로 시행하려면 충분한 조직 구조가 있어야 한다.

지식 근로자이론과 복잡성 이론은 모두 조직 구성원을 존중하고 신뢰해야 한다고 강조한다. 기업의 내부적인 관계와 각 기업

간의 관계를 구축하고 개개인에게 자율적으로 행동할 수 있는 자유를 주는 것이 중요하다. 조직이 신속하게 변화에 대응하려면 개개인에게 가능한 한 많은 결정권을 위임해야 한다. 그러나 전결권을 위임하면 지배권을 상실할 위험이 따른다. 이러한 순환을 바로 잡을 수 있는 길은 전결권을 공동 가치 차원에서 행사하는 강력한 기업 문화를 조성하는 것이다.

따라서 현대 관리 이론은 기업이 역동적인 비즈니스 환경에 효과적으로 대응하려면 모든 사람의 창의력을 최대한 활용하고, 사람들이 서로 협력할 수 있도록 신뢰해야 한다고 강조한다.

새로운 정보통신기술은 개개인이 다른 사람들과 접촉하고 생각을 나누는 데 더욱 효과적인 수단을 제공하고, 각 팀별 실적과 회사 전체의 사업성과에 관해 더욱 많은 정보를 이용할 수 있도록 함으로써 업무를 지원할 수 있다. 그러나 그 기술을 '명령과 통제'라는 경영관리방식을 강화하는 데도 이용할 수 있다. 직무 기피방지evasion-proof 모니터링 시스템이 개인별 목표 및 성과 보상 제도와 함께 곧 시판될 것이다. 직원 모니터링 시스템이 판매되는 이유는 종래의 '목표에 의한 경영관리' 방식과 이 시스템을 접목시켜서 개인별 목표를 설정하고, 목표 대비 성과를 측정할 수 있고, 또한 그에 따른 보상 방안을 개선할 수 있기 때문이다.

개인별 목적과 목표를 설정하는 데 기초가 되는 가정은 환원주의다. 이것은 타인에 대한 영향을 고려하지 말고 각자 자신의 목표를 극대화하라고 촉구한다. 그러나 기업처럼 복잡하게 서로 연결되어 있는 시스템에서는 지역적인 최적화가 세계적인 성과의 최적화와 일치되는 경우가 극히 드물다. 여러 연구 결과에 따르면 개인별 실적을 관찰하는 것보다 팀별 실적을 관찰하면 실적도 향상되고, 모니터링 시스템 자체에 대한 수용도도 훨씬 높아진다.

앞으로 10년 동안 새로운 경영관리 시스템이 더욱 확산됨에 따라 기업의 운영 실적은 물론 공급자나 고객, 공동운영자 등 사업 제휴자의 운영 실적에 관해 더 많은 정보가 제때 제공될 것이다. 그러나 경영자들이 이 시스템의 사용법을 배워야 한다. 이 시스템을 도입함으로써 지식 근로자들에게 어떤 영향을 주게 될 것인지, 그리고 어떤 경영관리 접근법을 채택하는가 하는 점이 특히 중요하다.

고용주는 이 시스템을 도입함으로써 직원들의 근무 실태를 모두 감시하고 통제할 수 있게 되어 중앙집중식 경영관리 접근법을 강화하는 데 더할 나위 없이 좋은 기회를 얻을 수 있다. 이 시스템은 복잡성 이론가들이 역동적이고 불확실한 비즈니스 환경에 필요한 방식이라고 주장하는 분산 관리방식distributed management을 지원하는 데도 사용될 수 있다. 이 시스템을 이용해서 개인별 실적과 다른 사람들의 실적에 관한 정보를 제공하고, 각 팀이 서로 아이디어를 공유할 수 있도록 하며, 회사와 그 비즈니스 환경에 대한 정보가 필요한 사람들이 모두 이용할 수 있게 해줌으로써 직원들에게 더 많은 자율을 허용할 수도 있는 것이다.

구성원 모두에게 일관된 처리 절차를 적용하고, 준법과 성과를 감시하는 데 중점을 두면 단기적으로 생산성을 증가시킬 수는 있다. 하지만 다양성이 줄어들고 실험적인 작업을 제한해서 궁극적으로는 신뢰가 손상될 수 있다. 문제는 기술 자체에 있는 것이 아니라 기술을 어떻게 이용하는가에 달려 있다. 정보통신기술을 직원 지도나 혁신 지원, 협동 작업을 촉진하는 데 사용하려면 통제에 사용하는 경우에 비해서 더 많은 상상력이 필요하다. 또한 이러한 작업에는 한층 진보된 테크놀로지, 즉 시스템 지능Systems intelligence이 필요하다.

근로자를 통제하느냐, 아니면 혁신을 도모하고 서로 협력할 수 있도록 지원하느냐. 이 두 가지 방향 중에서 하나를 선택하는 것은 현대판 '과학적 경영관리scientific management' 지지파와 '인간관계human relations' 지지파 사이의 싸움이라고 할 수 있다. 현재는 엄격한 근무규정을 시행할 수 있는 시스템이 발전하면서 선택의 범위가 더욱 양극화되고 있다.

앞으로 10년에서 20년이면 가상 공간을 이용해 우리가 살고 있는 세계를 최대한 활용할 수 있게 될 것이다. 이러한 추세에 따라 대규모 시스템 해체 및 재구축 프로젝트가 진행될 것이다. 지금의 기업들도 웹 사이트를 개설하고 있기는 하지만, 기업가 정신이 투철한 사람들조차 구시대적 사고방식에 얽매어 적합한 시스템을 구축하지 못하는 경우가 종종 있다.

앞으로 몇 년 안에 시스템 구축 방식에 대해 편견이 거의 없는 신세대가 대학을 졸업할 것이다. 정보기술이 지배하는 세상에서 성장한 이 세대는 정보기술을 기반으로 한 해법부터 먼저 찾아볼 것이다. 네트 위주의 사고방식을 가진 네트 원주민native net thinker 이라고 부를 수 있는 이들은 이미 인터넷으로 인해 발생한 혼란

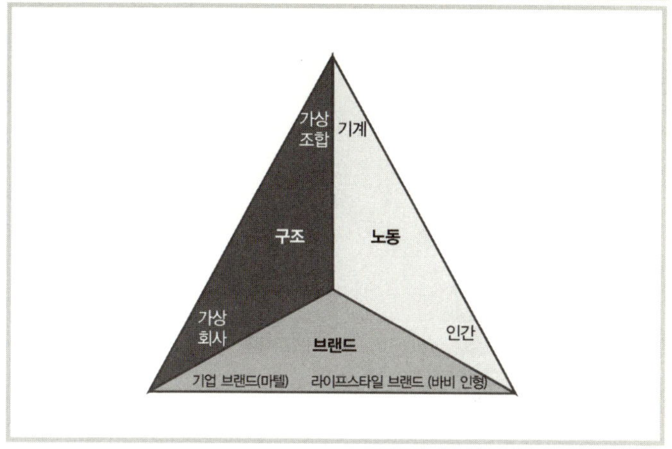

도 목격했다. 그래서 오늘날의 방식으로는 최선의 시스템을 구축할 수 없다고 생각할 것이다. 지금은 자동화와 중간상 배제 현상이 진행되고 있으나, 새로운 세대가 활동하게 되는 미래에는 매우 다른 구조가 나타날 것이다.

인터넷이 발달하면서 기업들은 각 부서와 절차를 해체하고 재구성하는 과정을 거칠 수밖에 없게 된다. 오늘날의 기업에는 여러 가지 기능이 혼합되어 있어서 해체와 재구성 과정이 결코 간단하지 않다. 일부는 특정 공장, 건물 또는 장소에 자리 잡고 있는 정적인 기업이다. 이들은 쉽게 뿌리가 뽑히거나 다른 곳으로 옮길 수 없기 때문에 인터넷의 영향을 거의 받지 않는다. 그러나 이런 기업에도 이미 변화의 바람이 서서히 불고 있다.

　공업 회사의 실제 생산 공정이 좋은 예지만, 이 공정도 생산 일자를 계획하는 과정까지는 정적인 존재가 아니다. 조달이나 유통 같은 기능에는 분명히 지리적인 요소가 들어 있긴 하지만, 어느 곳에서든 관리할 수 있다. 트럭은 도로를 따라서 달려야 하지만, 운송경로에 관한 정보는 어느 곳에서든 얻을 수 있다. 재무, 인사 관리, 판매, 연구 개발 등과 같은 업무도 어디에서든지 처리할 수 있다. 이러한 업무는 본질적으로 유목민과 같은 이동성이 있으며, 적절한 인물만 있으면 세계 어디로든지 이동할 수 있다.

　기업의 구조가 해체되면 업계와 사회 전반에 걸쳐 모든 기능이 완전히 분해될 수도 있다. 그리고 일단 분해되면 모든 업무 처리 과정이 한 장소에 머물러 있어야 할 이유가 없다. 아웃소싱이 이러한 변화의 시작이었다. 해체 작업이 끝나면 재구성 작업이

<〈그림 2-3〉 **오늘날의 기업 구조**

정적인 기업	물리적 물류업	유랑기업
감독		이사회
생산		경영/인간관계관리(HR)
조립	조달	재무
포장	유통	마케팅
		판매
		연구 개발
		디자인

지속적인 자동화 및 합리화 → 지속적인 자동화, 간소화, 완전 재조직, 완전히 새로운 모델

변동성의 증가

그 뒤를 잇는다. 인터넷을 이용해서 과거에 비즈니스 구조가 어떠했든 상관없이 최적의 상태로 각 업무 절차를 결합시킬 수 있다. 오늘날의 시스템 기능은 대부분 여전히 필요하겠지만, 지금과는 다른 모습으로 구성될 것이다. 정적인 기업은 현재와 같은 모습으로 존속하겠지만, 자동화와 협력 생산 체계가 더욱 발달할 것이다.

물류 측면에서도 혁명이 일어날 것이다. 유비쿼터스 전자상거래 기반구조가 원숙한 단계에 들어서면, 단위별 조직과 업무 처리 절차에 표준 인터페이스가 부여된다. 초효율적인 물류회사는 수백만 개의 사업체에 글로벌 척도를 적용하여 업무 처리 절차를

조정하게 될 것이며, 이런 최상급 회사는 많이 필요하지 않을 것이다.

제조업체에게 고객에게 상품을 직접 배달할 수 있는 수단이 없기 때문에 도매업이나 소매업이 존재한다. 하지만 가상 공간 세계에서는 멀리 떨어져 있는 물류회사도 배달 업무를 처리할 수 있다. 고객이 원하는 상품을 선택하면 물류회사가 생산업체를 수배해서 상품을 수집·배달한다. 물론 물류회사도 일정한 장소에 있는 유통·보관업체들에게 의존하겠지만 상품을 선정하고 조정하는 업무는 어디서든 할 수 있다.

가상 공간 세계의 배후에는 기계 지능 집단이 포진하고 있어서 전자상거래 내역을 데이터베이스에 축적해 추적이 가능한 감사 자료와 통계를 쉽게 만들어낼 수 있다. 또한 대부분의 업무도 자동적으로 정리하고 기록할 수 있을 테니 회계사나 감사자, 관리책임자 또는 사무원이 거의 필요하지 않게 된다. 이들의 역할은 대부분 자동화될 것이고, 현재 기업을 구성하고 있는 부서 대부분이 역사 속으로 사라지거나 전혀 알아볼 수 없을 정도로 변화할 것이다.

매출은 대부분 가상 에이전트 사이에서 처리되므로 시스템을 구성할 때 판매 시점의 정보가 그다지 필요하지 않다. 그런 세계에서는 관리책임자의 수도 적어진다. 직원들을 다루기 쉽기 때문에 줄어드는 것이 아니라, 직원 대부분이 특정 프로젝트별로 단기 계약에 의해 채용된 프리랜서이기 때문이다. 적절한 기술을 가진 사람들은 지식 길드가 인증한 전자상거래 데이터베이스에 접속해서 적합한 일자리가 생기면 그때그때 계약을 체결하게 된다. 물론 '적격성' 판정에는 매우 많은 요소가 포함된다.

그 세계에서는 임원들조차 생존을 보장받을 수 없다. 네트워크를 통해 다양한 평가기준에 따라 자금 융자가 이루어지고, 손실 조정자나 위험평가자 등이 그 과정을 돕게 된다. 이러한 자본 풀capital pool을 이용하는 가상 회사들이 많이 출현한다. 가상 회사는 지금까지의 회사와는 달리 단일 프로젝트를 위해 설립되고, 그 프로젝트에 필요한 팀과 자원만 조성해 운영한 다음 프로젝트가 완료되면 해체된다.

따라서 가상 회사나 가상 조합은 상근 회계부서가 필요하지 않다. 재정기능이 필요하긴 하지만 자동화 시스템으로 수행할 수 없는 경우에만 회계사를 계약직으로 채용할 것이다. 물론 특정 기술을 보유하고 전문적인 업종에 종사하는 회사들은 많은 가상 회사들과 유대관계를 가질 수 있다. 그러기 위해서 마케팅 전문 회사나 융합자assimilator, 중간연결자interfacer 등이 출현할 것이다. 연구 개발과 같은 업무도 한 회사의 상근 부서로 존속되는 경우 보다 별도의 업체로 운영되는 경우가 일반화될 것이다. 연구의 결실이 한 회사에만 적용되는 경우가 매우 드물기 때문에 연구 결과를 네트를 통해 판매하여 최대의 보상을 얻어낼 수도 있다.

그 대신 지식 길드라는 대체 구조가 출현할 것이다. 길드는 단지 구성원의 숙련도만 보장할 뿐 실제 일은 구성원이 처리한다. 지식 길드는 오늘날의 길드와 전문기관에서 진화되겠지만, 네트워크 공동체의 이점을 최대한 살려 세계적인 네트워크를 구축하기 때문에 훨씬 더 강력한 조직이 될 것이다. 특정 기술이나 소질을 가진 사람들은 길드와는 별도로 새로운 질서 속에서 특권을 누리게 될 것이다. 길드가 새로운 중산층을 형성하고, 엘리트 계층은 희귀하거나 독특한 재능을 가진 사람들로 구성된다.

인터넷을 이용하면 물리적 공간을 기반으로 하는 시스템과 처리 절차를 피할 수 있기 때문에 물리적 세계의 시스템은 완전히

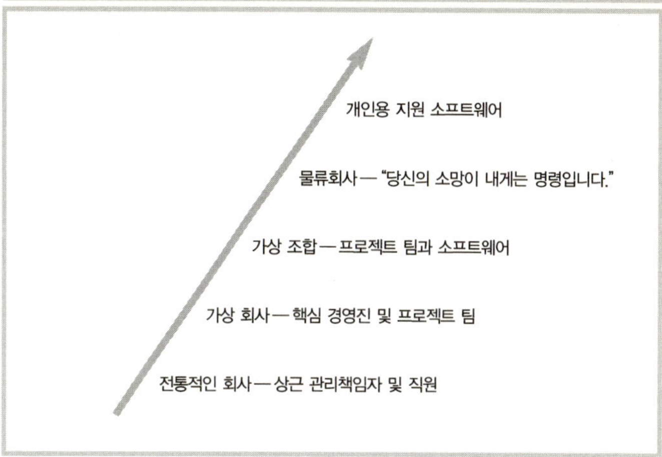

해체된 후에 재구성될 것이다. 그렇게 되면 모든 문제를 새로운 각도에서 다시 해결해야 한다. 예를 들어 물리적 공간을 기반으로 하는 처리 절차로 만족시킬 수 있는 고객의 요구도 가상 공간에서 더욱 효율적으로 처리하게 될 것이다.

닷컴의 붕괴사태에서 얻은 명백한 결론은 기업가들이 이러한 추세를 제대로 이해하지 못하고 있다는 점이다. 관리 능력이 취약한 기업가도 많았고, 시장에 너무 일찍, 또는 너무 늦게 진출한 기업도 있었으며, 아이디어나 솔루션이 빈약한 닷컴도 많았다. 그러나 정보화시대는 이제 시작에 불과하므로 개척할 기회는 많이 남아 있다. 좀더 자유롭게 생각하고 세상이 변했다는 사실을 기꺼이 인정할 줄 알아야 한다. 그렇지 않으면 해체와 재구성 과정이 불행한 사태로 변할 것이다.

정보화 과정에서 가상 공간이 물리적 처리과정에 미치는 직접적인 영향은 그다지 크지 않다. 재구축 작업을 시작하려면 먼저 각 회사와 기관을 살펴보고, 물리적 구성요소에서 지식, 논리, 전문지식, 데이터베이스, 경영관리 등 정보화 세계에 속하는 것을 분리한 후 재구축해야 한다. 생산 장비나 재료 운송 장비뿐만 아니라 네트워크도 물리적인 존재다. 이러한 시스템 부분은 재구축 과정에서 간접적인 영향만 받게 된다. 물론 이런 부분도 분명히 변하지만, 정보화 세계에 비해서는 변화의 정도도 적고 속도도 느릴 것이다.

주요 부문에서는 효율적인 대규모 생산 공장이 여전히 필요하고 광산도 있어야 한다. 이러한 기업들은 '적기 생산' 또는 그와 비슷한 의미의 새로운 용어가 붙어서 계속 운영될 것이다. 광업 회사는 지하에서 원료를 캐내서 제조업자들에게 판매하고, 제조업자는 그 원료를 물질적인 상품으로 전환시킬 것이다.

원료 공급자와 제조업자 같은 가치사슬 상단에 있는 기업에 비해서 변화의 영향을 덜 받기 때문에 가치사슬 하단에 있는 기업이 살아남게 될 가능성이 높아진다. 좀더 구체적으로 말하자면 제너럴모터스는 마이크로소프트에 비해서 20년은 오래 존속할 수 있을 것이다.

정적인 사회에서 유목민처럼 이동성이 강한 사회로 전환되면서 변동성이 심해지고 있다. 현재 인터넷 회사의 주식 가격은 거품이 빠졌지만, 변동성이 심한 점을 감안하면 여전히 너무 높다. 야후는 다른 닷컴과 달리 닷컴 붕괴사태에서 살아남아 제대로 운영되고 있는 것처럼 보인다. 그러나 시스템의 프런트엔드 부분을 어떻게 개편하느냐에 따라 달라질 수 있다. 참된 가치는 적절한 시장 이미지를 창출하고 패션과 보조를 맞추는 것이다. 야후 같은 기업의 생명은 브라우저의 성격에 달려 있다. 3차원 쇼핑몰 형식의 인터페이스를 갖춘 가상 환경 브라우저로 대체됐을 때 신속하게 새로운 환경에 적응하지 못하면 야후도 망각 속으로 사라져버릴 것이다. 가상 공간 세계는 역동성이 강한 세계여서 규칙적으로 제국의 흥망성쇠가 반복될 것이다.

가상 공간에 있는 가치사슬도 진화한다. 고객은 휴대 통신기, 3차원 부스, 양방향 텔레비전, 컴퓨터 스크린 등 다양할 인터페이스 가운데 하나를 통해 가상 공간으로 들어가므로, 가상 공간의 기능을 활용하는 데 유용한 각종 인터페이스가 큰 사업이 될 것이다. 사용자는 인터페이스를 통해 휴대전화에서 완전 3차원 가상 현실 공간에 이르기까지 사적인 가상 환경으로 인도될 것이다. 인터넷 데이터 형식으로 만든 복잡한 데이터를 개인별로 특성화된 다양한 인터페이스로 변환시키면 중간연결자가 매우 바빠질 것이다.

인터넷은 이미 방대한 기능을 갖추고 있어서 어느 사이트가

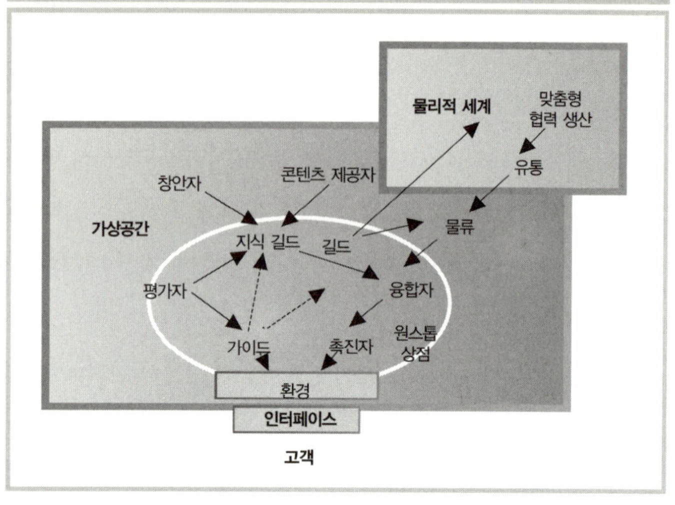

방문하기에 제일 좋은 사이트인지 어느 제품이 가장 적합한 제품인지 판단하기 어렵다. 그러므로 가이드가 매우 중요한 역할을 담당하게 되고, 촉진자facilitator도 사용자들에게 도움을 줄 것이다. 가이드와 촉진자는 사람과 인공지능이 혼합된 매체지만, 인공지능이 점차 이 역할을 떠맡게 될 것이다.

융합자는 사용자가 원하는 기능을 한데 결합시키는 역할을 할 것이다. 일반적으로 개인보다는 기업이 융합자의 역할을 하고, 개개인의 요구에 맞게 맞춤형 '원스톱 상점'을 제공하려고 노력할 것이다. 오늘날에도 이런 역할을 부분적으로 수행하는 포털 사이트가 있으나, 일상생활이 점점 더 복잡해짐에 따라 사용자는 골치 아픈 일을 몇 가지라도 덜어줄 원스톱 상점을 원하게 될 것이다. 간단히 말하자면 융합자는 사용자를 대신해 거의 모든 일을 관리해 줄 것이다. 일기장, 약속, 사회생활, 업무 활동, 가사 관리, 연락처, 재정, 쇼핑, 물품 구매, 예약, 정보 수집, 뉴스, 채팅, 연예 오락, 여행, 고용 등 무슨 일이든 대신 관리해주는 역할을 하기 때문에 융합자는 포털 사이트의 미래상이 될 것이다. 그러나 오늘날의 포털 사이트나 개인 특성화 서비스와는 전혀 다른 모습을 띌 것이다.

맞춤형 개인 가상 공간 밖에서는 지식 창안자knowledge creator, 길드 및 품질 평가자quality assessor가 융합자에게 서비스를 제공한다. 논리 제공자logistics provider는 맞춤형 협력 생산 및 유통·판매는 물론, 사용자가 원하는 상품과 서비스를 구입하는 업무를 조직적으로 처리할 것이다.

전통적인 회사에는 정규 직원이 있고 상품의 개념을 정립하는 일부터 사후 지원까지 제품에 관한 모든 업무를 회사 내부에서 처리하지만, 가상 회사는 훨씬 느슨하게 운영된다. 단일 프로젝트나 한 프로젝트가 시행되는 전체 기간 중 일부 기간에만 사람을 그러모았다가 프로젝트가 끝나면 해체된다.

가상 공간에서는 사람과 정보 자료를 세계 어느 곳에서든지 그러모아 가상 회사를 설립할 수 있고, 사람들이 마치 한 사무실에서 근무하는 것처럼 협력할 수 있는 통신 공간이 제공된다. 공동작업 환경도 가상 공간의 자동화 잠재력과 투명성으로 인해 다각도로 향상된다. 예를 들면 통역, 자동 거래 내역 기록, 메시지 보관 등의 기능이 보강되기 때문에 그저 잡담이나 하고 메모지로 의견을 교환하는 일반 사무실에 비해서 관리를 더 잘할 수 있다.

그래서 가상 회사는 진정한 글로벌 기업이 될 수 있으며, 추진 중인 과제의 성격에 따라서는 세계적으로 가장 유능한 사람들로 구성될 수 있다. 필요하든 필요하지 않든 항상 똑같은 직원들이 회사에 고정되어 있는 것이 아니기 때문에 전통적인 회사와 효과적으로 경쟁할 수 있다. 오늘날 이미 나타나고 있는 단일 프로젝트에 대한 회사 간의 협력은 이와 같은 아이디어의 원시적인 형태다.

그러나 가상 회사가 모든 일을 자기 방식대로만 처리하지는 않을 것이다. 그런 세계에서는 각 회사에게 결정권이 있어서 불쌍한 근로자들은 계약하자는 제안이 오기만 앉아서 기다릴 것 같다고 생각할 수도 있지만 실제로는 전혀 그렇지 않다. 이미 가상 회사를 거의 자동적으로 구축할 수 있는 소프트웨어가 있다. 전자상거래가 성숙해지면 현지 유통·판매에 부족한 점은 없는지, 시장에 필요한 것은 무엇인지, 비즈니스 시장의 지형도가 어떻게 변할 것인지 자동적으로 파악할 수 있게 될 것이다. 기계를 기반으로 한 지식에 이러한 기술을 연계시키면 자동으로 가상 조합을 전자상거래 기반구조로 설치하는 것이 가능하게 되며, 가상 조합은 프리랜서를 서로 연결시키는 역할을 하게 된다.

가상 조합이 관리 및 경영의 자동화 수준을 상향식으로 차츰 높여나가는 반면, 가상 회사는 하향식으로 소수의 핵심 직원만 유지한 채 프로젝트별로 도급자를 끌어들여 업무를 추진할 것이다. 이 두 종류의 조직은 정면으로 맞서 경쟁하게 될 것이다. 제조업에서는 생산 수단, 즉 공장을 가지고 있다는 점이 지배력을 판가름하는 가장 중요한 요소다. 그러나 정보가 지배하는 세계의 주요 생산수단은 사람의 머릿속에 들어 있는 지능과 지식에 값싼 정보기술을 결합시킨 것이다. 물질적인 자원도 필요하지만 지배력에는 그다지 많은 영향을 미치지 못한다. 가상 조합은 이러한 측면에서도 이점을 가진 것으로 보인다. 회사가 큰 몫을 차지하는 것이 아니라 프리랜서가 자신의 작업 결과물에서 얻은 가치를 모두 가지게 되는 것이다.

소기업에는 이러한 현상이 적용되지 않는다. 일부 대규모 정보 회사도 물론 존재하겠지만, 작은 가상 조합으로 구성된 큰 길드끼리 자동적으로 제휴하면 대기업을 쉽게 설립할 수 있다. 이러한 지식 길드가 정보화 세계의 지배적인 권력구조가 되는 동시에 각 지식 길드는 여전히 자율성을 유지할 것이다. 주주나 경영자가 필요없는 각 길드는 서로 공조하여 수백만 명의 기술과 지식을 판매할 수 있을 것이다.

인터넷이 생활의 도구로 바뀌면서 시장의 글로벌화가 확산되고 있다. 이 트렌드는 이미 명확하게 나타나고 있으며 앞으로 가속화되면서 개개인이 선택할 수 있는 범위가 더 넓어질 것이다. 선택의 폭이 넓어지는 것은 좋은 일이지만, 이로 인해 스트레스가 심해질 수 있다. 실제로 사람들은 다양한 선택의 기회보다는 한 가지 제품이라도 자신의 취향에 딱 들어맞는 것을 더 좋아한다. 내가 가지고 있는 것을 다른 사람이 가지는 것을 바라지도 않고, 다른 사람과 똑같은 것을 항상 원하지도 않는다. 선택의 폭이 넓으면 제품의 품질이나 이미지가 불확실하기 때문에 스트레스를 느낀다. 품질을 보증하는 제3자에 불과한 소비자 전문잡지 〈위치 Which?〉가 추천하는 제품이라면 무엇이든 서슴지 않고 사는 사람이 많은 이유가 선택 과정에서 발생하는 스트레스를 없애주기 때문이다.

이러한 문제를 해결해 주는 것이 바로 브랜드다. 인터넷 세계에서 브랜드는 점점 더 중요해지고 있다. 같은 가격대의 제품이 200종 있다면 어느 것을 사야 할지 알려줄 브랜드가 필요하다. 브랜드에는 '수직형'과 '수평형'이 있다. '수직형' 브랜드는 여러 종류의 제품에 한 공급자가 붙인 브랜드를 말하며, '수평형' 브랜드는 각기 다른 공급자가 유사한 제품에 붙인 브랜드를 말한다. 우리는 일반적으로 우수한 가치 또는 고급 품질을 공급한다고 생각하는 특정 제조업자를 선택하지만, 자신의 라이프스타일을 토대로 선택하는 경우도 있다. 이런 경우에는 많은 제조업자가 고려의 대상이 된다.

마텔Mattel 회사의 바비Barbie 제품은 라이프스타일을 상징하는 특정 브랜드의 대표적인 사례다. 바비 상표는 이제 통조림 식품에서 자전거에 이르기까지 모든 상품에 사용된다. 다섯 살짜리 소녀라면 십중팔구 바비 로고가 붙어 있는 제품을 집어든다. 선택이 아주 간단해지는 것이다. 성인 세계에서도 똑같은 이유로 버진Virgin 상표가 붙은 제품을 선택하는 사람이 많다. 이런 사람들은 그 회사의 철학을 좋아해서 그 회사의 제품이라면 어떤 종류든 기꺼이 선택한다. 디자이너의 상표가 붙은 고급 제품도 선택의 여지를 좁혀준다. 라이프스타일 브랜드 회사의 이해관계가 자기 회사 이름이나 브랜드를 고집하는 제조업자의 이해관계와 충돌하면 대체로 라이프스타일 브랜드 회사가 이긴다.

인터넷 세계에서도 브랜드의 중요성은 계속 높아지겠지만, 라이프스타일 브랜드와 단일 제조업자 브랜드 사이에 경쟁이 점점 더 치열해질 것이다. 스트레스 감소를 추구하는 시장 트렌드를 이용하기 위해 브랜드 간에 치열한 경쟁이 벌어지는 가운데, 기존 상표와 함께 다양한 라이프스타일에 적합하다는 인증 표시를 붙인 제품이 더 많이 등장할 것이다. 오늘날 채식주의자용 식품 표시 또는 건강한 식생활을 돕는 식품이라고 붙인 표시가 이러한 트렌드의 시작이다.

인터넷이 항상 세계화 현상만 가져오는 것은 아니다. 시장이 인터넷을 통해 세계화되고 있는 반면, 지역 공동체들은 인터넷을 통해 결속력을 높여가고 있다. 다시 말해서 지리적 위치에 구애받지 않는 사이버 공동체만 이용하는 것이 아니다. 지리적 지방 공동체들도 이미 현지에 있는 클럽과 협회를 연결하는 공동체 네트워크를 구축하고, 네트를 통해 현지 문화와 교육을 접할 기회를 제공하고 있다. 이 네트워크는 박물관, 도서관, 화랑 등 현지의 지적 자원을 광고하는 데도 사용될 것이다.

이렇게 공동체 네트워크를 구축하는 추세가 확산됨에 따라 지방 공동체의 결속력이 더욱 강화되는 동시에 재택근무 센터가 일반화될 것이다. 그러면 주민들이 서로 알고 지내게 될 기회가 늘어날 것이다. 동족의식은 대체로 이념, 인종, 또는 지리적인 위치를 바탕으로 형성된다. 입스위치Ipswich시에 사는 주민들은 노위치Norwich시 축구팀을 응원하지 않고 입스위치시 축구팀을 응원하는 것과 같다. 이런 과정을 거쳐서 강력한 지리적 지방 공동체는 동시에 강력한 사이버 공동체로 발전하게 된다.

인터넷만큼이나 우리 생활을 지배하는 범위가 넓어지고 있는 신기술도 새로운 트렌드를 만들어내고 있다. 그동안 사람이 맡고 있던 역할이 점차 기계에게 넘어가고 있다. 이제 콜 센터 업무 중 약 35%는 기계가 처리하고 있어서, 각 회사는 직원 일부를 재배치하거나, 인간지향적인 업무를 할 수 있도록 숙련도를 높이는 교육을 하거나 해고시키고 있다.

없어지는 일자리보다 더 많은 일자리가 창출되지 않는다면 점진적인 업무 자동화로 인해 인원 과잉 사태가 확산될 것이다. 하지만 새로운 테크놀로지의 파도가 밀려올 때마다 새로운 일자리도 많이 생긴다. 새로운 장치와 서비스를 설계, 구축, 마케팅하고 유지해야 하기 때문이다. 기반구조의 변경에도 사람이 필요하다. 기계가 일하는 법을 배울 때까지 사람이 이러한 일을 해야 한다. 그러나 앞으로 20년 내에는 그 일자리도 기계가 차지하게 될 것이다. 기계가 자체적으로 신기술을 설계하고, 그것을 실행할 수 있는 지원 시스템과 도구까지 만들어낸다면 기계가 업무 처리에 능숙해질 때까지 사람이 공백 기간을 메울 필요가 없어진다. 인

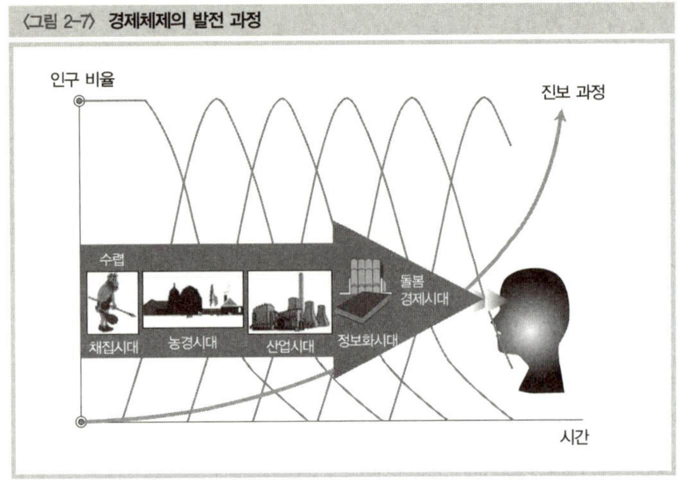

간은 결국 한 제품의 탄생부터 소멸까지 전체 수명 기간에 불필요한 존재가 될 것이다.

기계가 대부분의 일을 처리하는 '블랙박스' 경제로 옮겨가는 추세에서 인간이 일을 계속하려면 변화하는 환경에 적응하도록 노력해야 한다. 기술 재교육을 받으면 새로운 일자리를 얻을 수 있지만, 기껏해야 몇 년 지나지 않아서 그것도 낡은 기술이 되어버린다. 이런 추세에 구애받지 않는 일자리는 돌봄 경제형 일자리가 될 것이다.

돌봄 경제형 일자리의 주요 역할은 다른 사람을 직접 돌보는 일이다. 이 일자리의 기본 자격 요건이 인간이어야 한다는 점이기 때문에 나중에라도 이 일이 자동화될 가능성은 거의 없으므로 고용의 기회가 더욱 확실하다. 건강관리, 교습, 개인적인 서비스 같은 일자리가 좋은 예다. 오늘날 이러한 분야에 종사하는 사람은 인구의 15% 미만이다. 앞으로는 그 수가 늘어나겠지만, 모든 사람이 간호사, 미용사, 또는 교사가 될 수는 없으므로 그 이외의 사람들은 기술의 순환 주기를 감수하고 재교육을 받아야 할 것이다. 인간의 일자리가 줄어듦으로써 사회적 긴장이 어느 정도 불가피하지만, 어떻게 관리하느냐에 따라 긴장의 정도나 영향이 달라질 수 있다.

오늘날 각 기업의 목표는 단순하다. 기업 소유자에게 합법적으로 돈을 벌어주는 것이다. 자동화를 도입하면 생산성을 향상시키고 경쟁력을 유지할 수 있으므로 각 기업은 자동화에 매력을 느끼지만, 자동화로 얻는 이득은 일시적인 것이다. 조만간 경쟁자들도 똑같은 자동화 기술을 채택할 테고, 그러면 해당 업계의 가격이 전반적으로 떨어지기 때문에 수익 마진이 개선되어도 오래 유지되지는 못한다.

일반적으로 경쟁은 초과 수익을 감소시킨다. 그러나 자동화를 효과적으로 철저하게 추진하면 비즈니스를 오래 지속시킬 수 있다. 선진국들은 이러한 자본주의식 기업 모델로 성공을 거두어 예전보다 풍족해졌다. 하지만 결국에는 인간을 전혀 고용하지 않고 완전히 기계로만 운영되는 초효율적인 기업들이 탄생할 것이다. 그럴 경우 사회와 정치, 경제에 큰 변화를 일으킬 것이며, 해

고당한 사람들이 상품을 구매하고 기업에게 시장을 제공해 줄 수 있도록 부를 재분배하는 일이 중요해질 것이다.

급격한 기술 변화가 사회에 가하는 압력 때문에 기업의 구조와 목표가 바뀌고 있다. 앞으로는 '돌봄 경제체제'로 더욱 깊숙이 진입하고, 지방 공동체들이 인터넷을 이용해서 그물망처럼 연결되므로 각 기업은 이러한 사회 구조에 대응해야 할 것이다. 기업은 사람들이 원하는 제품과 서비스를 공급하기 때문에 궁극적으로는 존재할 수밖에 없다. 돈은 필요한 것과 원하는 것을 충족시키고 우선순위를 결정하는 데 편리한 수단에 불과하다. 세계는 돈으로 움직이지만 돈 자체가 궁극적인 목표는 아니다. 단지 중간매체일 뿐이다.

07 | 디지털화로 삶의 질 향상

이제부터 기업은 획기적인 변화를 불러 일으켜야 한다. 미래에는 기업이 고객의 요구에 부응하는 한편, 순수한 재정적 목표에 사회적 요구사항을 추가함으로써 기업의 성격이 본질적으로 변화할 것이다. 이러한 현상은 이미 시작되어서 경제 정책에 사회 정책을 점진적으로 포함시키는 추세다. EU 일각에서는 삶의 질에 영향을 미치는 다양한 변수를 GDP에 반영시키려고 하고 있다. 조만간 돈의 개념도 다시 정립되어야 할 것이다.

각 공동체는 무엇이 필요한지 자체적으로 결정하고, 이를 충족시키기 위해 다양한 방법을 시행하게 된다. 사회적 행복도 각 공동체가 추구하고자 하는 목표에 포함될 것이다. 사회적 행복은 공동체 안에서 존중과 신망을 받음으로써 자긍심을 높이고, 정체성을 인식하고, 안전하고 멋진 환경을 만들어 유지하고, 우의를 돈독히 하고, 서로 의지하며, 신뢰할 만한 서비스를 제공하는 수단이 된다.

다른 부문에서도 사람이 필요하다. 오늘날 물질적으로는 부유해졌지만 정서적으로 빈곤함을 느끼는 사람이 많다. 그래서 지금 누리고 있는 물질의 풍요로움이 인간적인 측면을 희생한 대가로 달성한 것은 아닌지 되돌아보게 된다. 우리 사회는 그동안 행복의 한 가지 척도, 즉 돈에 너무 집중해왔다. 매슬로의 표현을 빌리자면, 자본주의는 우리에게 필요한 최소한의 것을 제공해주었지만, 그보다 수준 높은 것은 거의 제공하지 못했다. 오늘날 신기술은 한편으로는 순수 자본주의체제가 지속될 가능성을 위협하고 있지만, 다른 한편으로는 모든 사람에게 이익이 되도록 우리 삶의 전반적인 균형을 개선할 수 있는 도구를 제공한다.

'블랙박스' 경제체제가 구축되면 기계가 세운 공장에 기계가 만든 기반구조를 갖추고, 기계가 광업이나 전력 공급, 생산, 유통 판매 등 모든 일을 처리할 뿐만 아니라, 이런 일을 담당할 기계도 또 다른 기계가 제작하는 날이 올지 모른다. 이런 상상이 완벽히 실현되지는 않더라도 최소한 그러한 방향으로 가게 될 것이다. 그렇게 되면 사람은 점차 일에서 벗어나 인간적인 측면에 전념하게 될 것이다. 인간의 에너지를 기본적인 생존 욕구를 충족하는 데 쓰기보다는, 우리 자신과 공동체를 개선하는 데 쓰게 되는 것이다. 그렇게 함으로써 물질적으로도 부유하고 정서적으로도 풍요롭게 될 수 있다.

그런 테크노 유토피아에 이르는 길에는 몇 가지 문제가 도사리고 있다. 첫째, 사람마다 욕구가 다르기 때문에 개개인의 욕구를 모두 확인하기가 어렵다. 게다가 공동체의 욕구를 확인하는 것은 더 어렵다. 둘째, 인간은 본래 약간 이기적이고 게으른 편이며 탐욕스럽다. 어떤 일을 하려면 동기를 유발시킬 만한 보상이 있어야 한다. 과거에는 물질적인 보상을 약속하는 방법이 효과적이었으나, 우정을 받은 대가로 친구에게 돈을 지불하거나 길을 건너는 노인을 도와준 대가로 돈을 주고받는 사회는 상상하기가 어렵다. 차원 높은 인간의 욕구에는 금전처럼 노골적인 수단이 적합하지 않다. 정서적인 보상은 식별하거나 양을 측정하기가 매우 어렵지만, 사회에는 확실하게 교환할 수 있는 수단이 필요하다. 이러한 노력을 인정하지 않거나 보상하지 않거나 아무도 도와주지 않는다면, 애타적愛他的인 행동을 계속할 사람은 거의 없을 것이다.

이런 어려움이 있음에도 불구하고 공동체가 기업을 소유함으로써 공동체 전반의 욕구를 직접 충족시키려는 트렌드가 생길 것이다. 사람들은 그 기업의 일원이 됐다는 소속감으로 행복을 느끼며 일할 것이다. 그 기업이야말로 바로 자신들의 것이고 자신들의 이익을 위해 존재하기 때문이다.

오늘날 영국에서는 물물교환 경제 조직이 점점 늘고 있다. 이를 지역 내 교환거래 시스템LETS이라고 하며, 이미 수백 개의 교환거래 시스템이 운영되고 있다. 이러한 조직은 지역 공동체에서 일한 대가를 금전이 아닌 다른 형태로 받고 싶어하는 주민들의 욕구에 부응한 것으로 아기 돌보기 모임이 대표적인 예다. 물물교환제도가 반드시 한 지역 안에서만 시행되는 것은 아니다. 비공식적으로 품앗이를 하고자 하는 사람들은 인터넷을 이용할 수 있다. 아직은 이런 시스템이 일정한 형식 없이 운영되지만, 이미 많은 사람들이 서로 주고받는 것을 당연하다고 받아들이며 우호적인 차원에서 정보를 교환하고 있다.

가장 중요한 사실은 지금까지 무상으로 일을 해준 사람도 많다는 것이다. 그들은 자신이 가지고 있는 지식으로 다른 사람을 도와주거나 자신이 속한 사회에 기여하기만 할 뿐, 어떤 종류의 대가도 바라지 않는다. 물론 그렇게 무상으로 노동을 제공하는 것이 완전한 애타주의적행동일 수도 있지만, 그렇게 함으로써 만족감이나 자부심, 또는 행복감을 대가로 받는다.

경제체제가 점차 자동화되고 물질적인 재화 생산 과정에서 사람의 중요성이 떨어지면서 이러한 종류의 보상이 점점 보편화되고 있다. 많은 사람들이 공동체에서 자신이 해놓은 일의 결실을 보면서 자신의 정체성과 가치를 느낀다. 이런 느낌은 급여를 받는 일에서는 얻을 수 없다. 물론 급여와 마찬가지로 교환거래 시

스템에 세금을 부과할 수 있는 제도를 모색하고는 있지만, 행복 감에 대해 세금을 매기기는 쉽지 않다. 재정적인 보상은 적더라 도 정신적·사회적 행복감을 더 많이 느끼기 위해 삶의 질을 높 이려는 일반적인 트렌드로 발전할 가능성이 있다.

과세 문제는 대가를 바라지 않는 품앗이에서만 발생하는 것이 아니다. 비즈니스가 점차 세계화되는 미래에는 정보 처리를 주업 종으로 돈을 벌어들이는 기업이 많아질 것이며, 이런 기업 중에 는 그 실체가 소프트웨어에 지나지 않는 기업도 많을 것이다. 인 공지능은 정보 처리 작업을 전담하면서 점차 지리적 위치에 구애 받지 않고 작업을 할 수 있다. 정보의 가치를 창출하거나 부가하

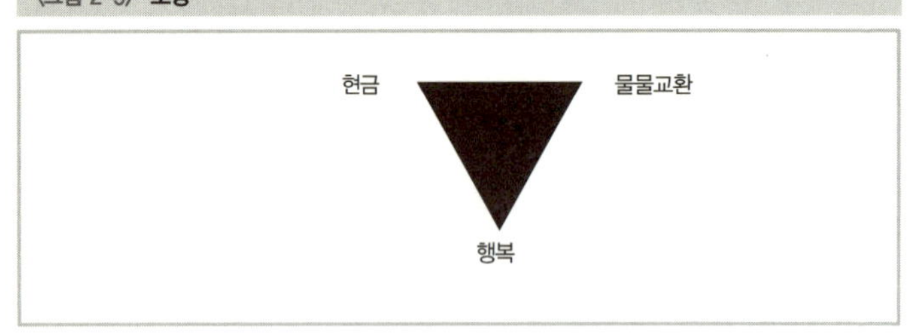

는 알고리즘은 세계 어느 곳에서든지 처리할 수 있으며, 필요하다면 몇 초 간격으로 물리적인 위치를 바꿀 수 있다.

이렇게 어느 기업이 국내에서 일을 하지 않았다면 그 회사는 연말에 어디에다 법인세를 내야 할까? 그 기업의 제작물을 다른 정보 제공업체가 이용하거나 정보 작업자에게 작업의 대가로 현물 대신 정보를 제공하면 그 제작물에 대한 부가가치세나 주정부세를 어디에 납부해야 할까? 소득이 증가할수록 연예, 교육 및 정보 서비스 같은 정보 상품을 더 많이 소비하게 될 텐데, 보수의 일부로 이러한 정보 서비스를 제공한다면 소득세를 과세하기가 훨씬 어려워질 것이다.

이러한 과세 문제는 미래의 상거래가 지리적 위치에 구애받지 않는다는 특성과 비물질적인 성격을 가지고 있기 때문에 발생한다. 지리적 위치에 구애받지 않는다는 문제는 글로벌 과세 제도를 정립해서 해결할 수 있다. 그런 방식으로 거둔 세금을 어떻게 분배할지 합의점에 도달할 가능성은 없어 보이지만 전혀 불가능한 일도 아니다. 시나리오에 따르면, 지리적 소재지에서 세금을 납부하지 않는 회사는 세계 어느 곳에 있든지 글로벌 과세당국에 세금을 납부하게 될 것이다. 그러한 제도를 관리할 권한을 놓고 WTO, UN 등이 경합을 벌일 수도 있을 것 같다. 이러한 점이 바로 세계 정부를 건립할 필요가 있음을 암시하는 것이므로, 적절한 시기가 되면 세계 정부도 전혀 상상할 수 없는 일은 아닐 것이다.

그러나 정보는 이곳저곳으로 쉽게 옮길 수 있는 반면 추적하기는 쉽지 않고, 암호를 풀거나 출처를 확인하기도 쉽지 않다는 사실이 더 큰 문제다. 송신량에 따라 세금을 부과하겠다는 이른바 '비트bit' 세가 자주 거론되고 있지만 지금까지는 채택되지 않았다. 이 제도는 앞으로도 계속 거론될 것이고, 언젠가는 시행될 가능성도 배제할 수 없다. 그러나 이 제도는 비논리적일 뿐만 아니라 프라이버시를 희생시키지 않는 한 공정하게 운영될 수가 없다. 또 다른 문제는 수십 억 달러 규모의 법인체가 1년 동안 정보 결과물 전체를 표현하는 데 사용하는 비트의 수가 아마추어가 웹캠으로 찍은 동영상이나 휴가 여행 사진 몇 장 올리는 데 사용하는 비트의 수보다 적을 수도 있다는 사실이다.

디지털의 영향으로 삶의 형태가 바뀌면서 현재 흔히 볼 수 있는 시설 중 일부는 사라지고 새로운 시설이나 욕구가 창출될 것이다. 예를 들어 상점은 옷을 사기 전에 그저 한번 입어보러 가는 곳으로 전락할 수 있다. 소비자들은 옷을 한번 입어본 다음 자신의 체격에 정확하게 맞는 옷을 제조업자로부터 직접 구입할 것이다. 현재 웹에서 운영되고 있는 소매점들은 겉모습만 신세대의 옷을 걸쳤을 뿐 여전히 구태의연한 구세대의 상점이다. 이러한 상황은 대부분의 기업 웹 사이트의 경우도 마찬가지다.

시대에 뒤떨어진 기업들이 경쟁에서 밀려나지 않으려고 애를 쓰고 있지만, 가상 공간의 사고방식으로 보면 이러한 기업이 필요하지 않으므로 대부분 사라질 것이다. 은행, 주택공제조합, 보험회사가 필요없어질 것이고, 이들이 제공하는 위험 사정이나 손실 조정 서비스도 필요없다. 디지털화된 현금이 안전한 데이터베이스에 저장되고, 디지털 서명이 있어야 사용할 수 있기 때문에 개인 컴퓨터를 이용해 쉽게 현금을 관리하고, 그 돈으로 물품을 사고팔기도 하고, 필요할 때마다 서비스를 요청할 수도 있다. 산더미같이 쌓여 있던 관리업무도 더 이상 필요없게 된다. 전 세계적으로 표준화된 처리 절차와 인터페이스를 이용해 모든 데이터를 전자방식으로 바꾸면 모든 업무가 자동으로 처리될 것이다.

새로운 인터넷 회사의 창업이 매주 머리기사를 장식하고 있지만 아직도 유망한 비즈니스 기회는 많다. 몇 가지만 예를 들어보자.

● 원스톱 상점이나 가이드, 촉진자, 조직자organizer, 융합자는

대부분 아직 미개척 분야다.

- 지금도 품질 내력 보증인historic quality guarantor이 있긴 하지만 네트워크에서는 아직 충분히 개발되지 않은 상태다. 이런 역할을 담당하는 업체가 없으면 네트워크가 신뢰할 만한 정보 출처로서의 잠재력을 충분히 발휘할 수 없을 것이다.

- 라이프스타일 관리도 아직은 미개척 분야지만, 10년 안에 우리 생활의 중요한 요소가 될 것이다.

- 우수한 '순향적 검색 엔진proactive search engine'이 이미 몇 년 전부터 등장할 조짐이 보였으나 아직 출현하지 않았다. 이 분야에서 고객이 자기 사이트를 검색하기를 기다리지 않고 주제별로 나뉜 경로를 통해 고객에게 정보를 보내는 '푸시push' 방식 기술이 시도됐으나 대개 실패했다. 이런 경로는 지금도 여러 가지가 있지만, 1990년대 초에 예상했던 정보의 대량 주문 제작 방식이 아니라 인터넷 잡지 수준에 머물고 있다.

- 휴대용 통신기처럼 단순한 장치를 최대한 활용할 수 있는 인터페이스를 제공하는 방안도 모색할 수 있다.

- 시각적 가상 공간 환경을 구축하고 임대하는 사업은 이미 운영되고 있고 순조롭게 개발되고 있다. 그러나 도구 및 지원 분야에 관련된 거대한 시장이 남아 있다.

- 고객에게 가장 적합한 제조업체를 연결시키는 것도 확실한

사업이 될 수 있는데 아직 거의 눈에 띄지 않는다. 현재 운영되고 있는 네트워크의 모델은 대부분 재래식 소매방식을 다소 개조한 것이다.

- 비즈니스 표준 절차와 인터페이스가 개발되고 있으나 기존의 자원과 시설을 가상 비즈니스로 쉽게 자동 연결할 수 있는 방법이 아직 없다. 앞으로 개발 여지가 있는 분야다.
- 이러한 사업을 지원하려면 거대한 자원 데이터베이스가 있어야 하는데 아직 거의 없다.
- 전자상거래 환경에서는 시장의 틈새를 끊임없이 파악할 수 있다. 예를 들어 현지 유통 판매에 문제가 있는 지역을 아주 쉽게 찾아낼 기회가 있다.
- 재택근무 센터는 가상 회사에 소속된 사람들이 집에서 일하는 대신 집에서 가까운 지역에서 이용할 수 있는 비즈니스 센터의 일종이다. 현재 이러한 시설이 거의 없고, 그나마 있는 것도 장기 사용자를 위한 것이 아니라 시간 또는 날짜 단위로 사무공간을 임대하는 시장에 주력하고 있다.
- 신뢰를 바탕으로 한 유통업체가 유망할 것이다. 사람들이 집에서 초조하게 제품을 기다리지 않도록 편리한 시간대에 배달하는 기능을 제공해야 할 것이다.

BUSINESS 2010
급변하는
세계는
지금

PART 3

01 | 신기술에 열광하지 않는다

역사적으로 사회가 신기술을 배척하는 경우는 허다했다. 새로운 기술이 분열을 조장하고 기존의 사회 질서와 권력 구조를 와해시키는 위협적인 존재라고 생각했기 때문이다. 이와 대조적으로 서구사회, 특히 미국에서는 신기술과 그에 수반되는 사회적 변화를 정상적이고 이상적인 것으로 받아들였으며, 지금도 기술이 바탕이 되어야 진보를 성취할 수 있다는 생각이 사람들의 뇌리에 깊이 박혀 있다.

폐쇄된 사회에서는 특정 기술을 철저히 막아낼 수 있다. 예를 들어 일본의 무사계급은 처음 얼마 동안 총을 시험적으로 사용했으나, 총이 자신들의 지위와 세력에 위협이 된다는 사실을 깨닫고 난 후에는 수백 년 동안 사용하지 못하게 했다. 그러나 우리는 역사를 통해서 일단 기술이 발명되면 결국 활용하게 된다는 사실을 배웠다. 현대의 특징은 신기술을 열성적이면서도 신속하게 도입한다는 점이다. 신기술을 사용함으로써 발생할 결과는 염두에 두지 않고, 어떤 기술이든 사용해야 할 윤리적 의무가 있는 것처럼 받아들인다.

시간이 지날수록 신기술을 이용하는 비용은 빠르게 감소한다. 전자제품의 경우에는 이런 현상이 특히 심해서 초기에는 사치품에 속하던 물건이 얼마 지나지 않아 대중적인 것으로 바뀌어버린다. 영국에서는 텔레비전 보급률이 100%에 도달하는 데 30년이 넘게 걸렸다. 하지만 비디오카세트레코더VCR 시장이 포화상태에 도달하는 데는 불과 15년이 걸렸으며, 휴대전화는 10년 만에 포화상태에 근접했다. 그 결과 전자제품 제조업체들은 VCR, 홈 시네마 시스템, 비디오카메라, 디지털카메라 등의 신제품을 개발하려고 끊임없이 노력하고 있다. 제조시설을 계속 가동하기 위해서는 새로운 시장이 있어야 하기 때문에 모든 혁신은 새로운 시장 개척에 집중되고 있다. 이렇듯 시장이 포화상태가 되면서 제조 산업이든 서비스 산업이든 과잉 능력이 점차 문제가 되고 있다.

신기술을 더 많이 받아들임에 따라 현재 개발 중인 기술, 특히 생명과학 분야의 일부 기술에 대한 우려도 점차 높아지고 있다. 과거에는 인간이 환경에 미치는 영향력이 상대적으로 제한되어 있었지만, 지금 인간은 인류의 고향인 이 행성에 가장 큰 영향을 미치고 있다. 대다수의 기상학자들은 인류의 화석 연료 사용이 지구 온난화의 주요 원인이라고 보고 있다. 뿐만 아니라 인간이 활용하는 지역이 점점 더 넓어지면서 멸종하는 동물과 식물의 종류도 점차 늘고 있다. 인간은 아직 생태계를 충분히 파악하지 못했기 때문에 유전자를 조작한 식물이나 곤충, 또는 박테리아가 생태계에 미칠 영향을 정확히 알지 못한다는 자각도 점차 확산되고 있으며, 그에 따라 생명공학이 지닌 위험성을 제대로 고려하지 않았다는 우려의 목소리가 점차 높아지고 있다.

인위적으로 인간 생식生殖에 개입할 수 있는 힘이 점점 강해지고 있다는 점도 불안 요인 가운데 하나다. 인간은 이미 자녀의 성性을 선택할 수도 있으며 중병에 걸린 자녀를 둔 부모가 그 아이를 치료하기 위해 아이를 하나 더 낳으려고 애쓰는 가슴 아픈 사례도 있다. 병에 걸린 아이의 조직과 잘 맞는 조직을 확보하기 위해 배아를 선별하여 아이를 더 낳으려고 하거나, 새로 태어나는 자녀는 같은 질환에 걸리지 않았다는 것을 확인하는 사례도 있다. 그런 처지에 놓인 부모를 동정하는 사람도 있겠지만, 그러한 사례들이 '맞춤형' 아기라는 개념을 한 단계 더 발전시키는 과정이라고 보는 사람들도 많다. 이러한 인위적 진보는 이미 진행되고 있으며, 그 기술을 이용하지 못하게 막을 근거가 거의 없다.

신기술이 인류에게 가져다줄 이점에 대해서는 충분히 교육받았고, 그러한 이점을 무시할 수도 없다. 하지만 현대 사회의 소비자는 공짜를 기대하지 않으며, 어떤 신기술이든 부정적인 측면을 간과하지 않는다. 그 대표적인 사례가 유전자 변형 식품에 대한 반발로서, 특히 유럽에서 심하다. 소비자들이 우려하는 점은 주로 유전자 변형 식품의 안전성과 유전자 변형 식품이 환경에 미치는 영향이다. 제조업자들은 처음에 그런 우려를 무시했지만, 유전자 변형 제품을 거부하는 사람들이 점점 늘어나자 더 이상 방관할 수 없게 됐다. 무분별한 상업화는 여러 면에서 도움이 되지 않았다.

정상적인 식품의 대체품인 유전자 변형 식품을 통해 소비자가 얻는 이점은 명확하지 않다. 게다가 소비자들은 유전자 변형을 개발하는 주요 동기가 제조업자의 상업적 수익에 있다고 생각했다. 제조업자들은 유전자 변형 식품을 팔면서 그 식품에 맞는 농약을 독점적으로 판매하거나, 농민들이 수확한 곡물의 일부를 다음 해에 씨앗으로 사용하지 못하게 함으로써 새로운 씨앗을 강매할 수 있다. 유전자 변형 씨앗 중 이른바 '거세 종자terminator seeds'는 자연 번식을 하지 못하도록 설계되어 있기 때문에 이런 상황을 비즈니스의 현실이라고 받아들일 수도 있겠지만, 이 기술적 능력이 계속될 수 있느냐의 여부에 따라 인류의 미래가 달라질 수도 있다. 만약 전쟁이 일어나 이 기술 능력이 파괴되면 참혹한 결과가 발생할 것이다.

휴대전화와 유전자 변형 식품의 경우를 대조해 보자. 휴대전화에도 사용자의 건강에 영향을 줄 수 있는 문제점이 있다. 언론 매체에서 주기적으로 그 문제점에 관해 주의를 환기시키고 있으나, 대중은 유전자 변형 식품의 경우와는 달리 크게 거부 반응을 보이지 않는다. 문제점을 입증할 증거가 있다는 주장과 증거가 불충분하다는 주장이 빈번하게 맞서고 있기 때문이다. 그래서 소비자들도 위험성에 대해서는 확실히 우려하고 있지만, 일상생활에서 휴대전화를 사용함으로써 얻는 이점이 위험성을 능가한다고 생각한다.

광우병 발생과 같은 사태로 말미암아 일반 시민은 과학계의 견해나 정부의 재확인 발표를 신뢰하지 않게 됐다. 이처럼 신기술에 대한 우려는 앞으로 더욱 증폭될 것이다. 기업들은 신기술을 소개할 때 일반 시민의 의구심에 민첩하게 대처하고, 기업의 신제품이 소비자들에게 확실히 이득이 된다는 점과 안전에 이상이 있으면 보상하겠다는 점을 보장해야 할 것이다.

산업화의 물결에 따라 대부분의 조직이 자동화 · 기계화 체제로 전환되고, 중앙집중식으로 작업을 진행함으로써 육체 노동의 효율이 상당히 향상됐다. 공학적인 설계와 기술력으로 기계가 계속 진보하자 전체 생산량은 크게 증가하면서도 육체 노동이 필요한 일자리는 오히려 많이 줄어들었다. 향후 로봇 공학이 더욱 발전하면 육체 노동 일자리에 다시 한 번 자동화의 물결이 들이닥쳐 일자리가 완전히 없어지는 분야도 생기고, 생산성이 증가하면서도 작업은 단순화되는 분야도 있을 것이다.

하지만 현재 가장 주목해야 할 자동화의 물결은 정신노동의 자동화다. 이미 관리 업무를 돕는 소프트웨어가 개발되어 관리자들이 업무를 쉽게 처리하고 있다. 관리직 사원이나 비서들이 해

오던 업무 가운데 완전히 자동화된 업무도 많다. 인공지능이 가치사슬에 깊숙이 침투하여 더 많은 업무를 담당함으로써 관리직과 전문직 자리를 더 많이 차지하고 여러 가지 업무를 단순화하게 될 것이다. 그에 따라 생산성이 획기적으로 증가하고 생활수준도 향상되지만, 관리직이나 전문직을 담당할 사람의 수는 감소할 것이다.

소프트웨어가 인간의 육체 노동이나 정신 노동을 대신함으로써 남아도는 인력은 '돌봄 경제'의 기초가 될 것이다. 인간을 기계의 톱니바퀴로 보지 않고 인간으로서의 가치를 인정하기 시작하면서 인간적인 기능, 즉 개인이 서로를 돌봐주는 기능에 대해 대가를 지불하게 되는 것이다. 다른 사람을 돌봐주는 일에는 사람이 제일 적합하기 때문에 사람이 이 일을 담당하고 나머지 일에는 거의 기계가 사용될 것이다. 그래서 결국 정보화 경제시대는 막을 내리고 '돌봄 경제시대'로 바뀔 것이다. 이 시대는 인공지능이 거의 인간의 지능 수준에 근접할 것으로 예측되는 2015년경에 시작되겠지만, 2010년부터 그런 징후가 나타나기 시작할 것이다.

로봇이든 컴퓨터든, 또는 이 두 가지가 결합된 형태든 지능을 갖춘 기계가 늘어나는 만큼 잉여 인력이 증가할 것이다. 그렇다고 일자리를 잃은 사람들이 대부분 허송세월을 할 리가 없으므로 새로운 직업이 출현할 것이다. 1990년에는 웹 디자이너라는 직

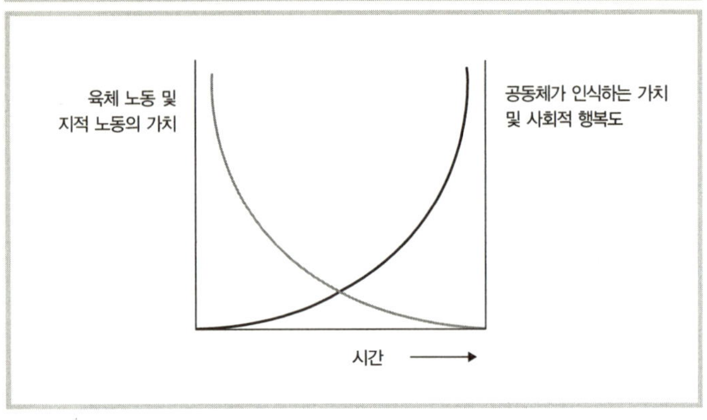

업이 없었고, 오늘날에는 가상 환경 디자이너virtual environment designer가 아직 극소수에 불과한 것과 마찬가지다. 미래에는 인간적인 접촉이나 대인관계, 보살핌, 서빙 및 연예 활동을 중심으로 새로운 직업이 생겨날 것이다. 이것이 바로 돌봄 경제다. 이러한 역할은 육체 노동이나 정보 처리처럼 자동화될 수 없다. 인간은 인간일 따름이기 때문이다. 합성인간, 즉 인조인간이 언젠가 출현하여 또다시 자동화의 물결을 일으키겠지만, 그 시기는 아주 먼 미래가 될 것이므로 이 책에서 다룰 만한 내용이 아니다.

'가치를 부가하는' 측면에서는 인간이 당분간 우세하다. 간호사를 예로 들어보자. 지금은 전통적인 간호사의 역할인 실제 간호 업무가 줄어드는 한편, 고도의 숙련이 필요한 직업으로 바뀌

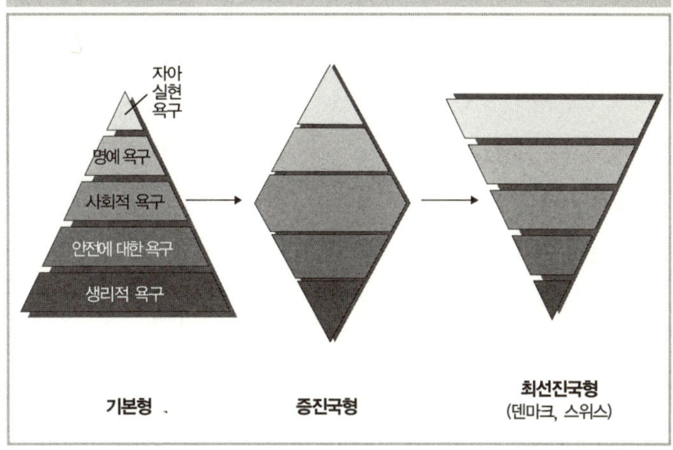

고 있다. 하지만 지능을 갖춘 기계가 점점 건강 관리 업무에 보급
되면서 의사의 역할 중 많은 부분이 단순화된다. 따라서 간호사
가 의사의 업무를 대신 처리할 수 있게 되어 의사의 생산성이 증
가하게 될 것이다. 여기서 더 발전하면 지능이 필요한 업무를 기
계 지능에게 넘기고 간호사는 다시 환자를 돌보는 일에 전념하게
될 것이다. 사실 인공지능과 로봇 공학을 폭넓게 사용하는 것이
건강을 증진하고 싶어하는 우리의 욕구를 충족시킬 수 있는 유일
한 길이다.

심리학자 매슬로Maslow에 따르면, 인간이 충족된 생활을 영위
하기 위해서는 단계별로 충족해야 할 욕구가 있다. 그래서 생리
적 욕구와 안전 욕구가 일단 채워지면, 자신이 가지고 있는 자기

완성의 잠재력을 깨닫고 개인적인 성장을 모색하기 위해 좀더 높은 수준의 욕구인 사회적 욕구, 명성에 대한 욕구, 그리고 자아실현에 대한 욕구에 몰두하게 된다.

서구사회에는 음식이나 물, 그리고 주거에 대한 기본적인 욕구를 걱정하는 사람이 상대적으로 적다. 일상생활에서 안전에 대한 위협도 비교적 느끼지 못한다. 그에 따라 명예에 대한 욕구, 특히 자아실현에 대한 욕구를 채울 제품과 서비스를 찾는 사람이 증가하고 있어서 레저 산업이 비약적으로 성장하고 있다. 여행을 즐기는 사람이 점차 늘어나고, 여름철에만 휴가를 다녀오던 사람이 겨울에 또다시 휴가를 즐기거나 짧은 휴식여행을 떠난다. 새로운 경험을 찾아 모험을 즐기면서 휴가를 보내는 사람도 기하급수적으로 증가하고 있으며, 테마 공원은 스릴이 넘치는 놀이기구를 만들어내기 위해 경쟁하고 있다. 언론매체에서도 스릴을 찾아나서는 활동이 바람직하다고 소개하는 등 사회 전반에 걸쳐 이러한 활동을 갈망하는 분위기가 조성되고 있다.

사람들이 즐기는 스릴에는 인공적인 면이 많다. 사람들은 자극을 원하지만, 그에 수반되는 위험은 받아들이려고 하지 않기 때문이다. 새롭고 진기한 체험을 제공하는 제품이나 서비스에 대한 요구가 점점 더 강해지고 있어서 비교적 변화가 없는 업계에서도 이러한 요구를 충족시킬 수 있는 길을 찾아야 하는 실정이다. 슈퍼마켓이 정기적으로 매장 시설을 개조하고 구조를 바꾸는 것도 그런 이유 때문이다.

새로운 체험을 원하는 소비자들 때문에 게임 산업이 급격히 성장했다. 사람들은 점보 제트기를 조종하는 체험, 어느 문명사회를 지배하는 체험, 마술 탐험에 참가하는 체험, 런던 주변에서 차를 강탈하는 체험 등을 제공하는 다양한 전자 게임을 통해 대리만족을 느끼며, 점점 더 강력한 게임기를 찾고 있다. 앞으로 10년 후에는 가상 현실을 통해 더욱 실감나는 체험을 즐기게 될 것이다. 특히 촉각 인터페이스haptic interface를 사용하게 되면 가상 공이 마치 손에 닿는 것 같은 촉감도 느끼게 될 것이다. 이러한 종류의 애플리케이션이 미래 프로세서 디자인의 주요 추진동력 중 하나가 될 것이다.

현재는 대부분의 상품 시장이 포화상태에 이르고 있고, 기술을 개선해서 더 싸고 더 좋은 제품을 만들더라도 복제품이 금방 출시된다. 따라서 상품을 바꾸려면 사람들의 감성과 통하는 것, 사람들이 열망하는 것을 발굴해야 한다. 예를 들어 보험 상품 광고는 최신 저축 상품에 가입하면 어떻게 꿈을 이룰 수 있는가 하는 점에 초점을 맞추어야 한다. 각 제품을 통해 특정한 개성이나 생활방식을 연상할 수 있도록 노력하고, 제품이 눈에 더 잘 띄도록 영화나 TV 프로그램에 집어넣으려고 애쓸 것이다.

이벤트 · 여가 산업은 그 중요성을 계속 유지하겠지만, 다른 업계에서도 고객의 감성에 호소하기 위해 이벤트 · 여가 활동을 벌이거나 제품에 대한 스토리를 만들어낼 필요가 있을 것이다. 미래학자 롤프 옌센Rolf Jensen은 앞으로 ‘정보화 사회’가 ‘꿈의 사회’로 바뀌게 될 것이므로 인간이 기본적으로 가지고 있는 여섯 가지 욕구, 즉 모험에 대한 욕구, 자아실현을 확립하려는 욕구, 신념을 보여주려는 욕구, 함께 하고자 하는 욕구, 그리고 사랑에 대한 욕구와 안전에 대한 욕구를 충족시키는 것이 비즈니스 성공의 열쇠라고 주장했다.

03

세계화로 단일 경제체제 구축

세계화 현상이 진행되고 단일 세계경제체제가 형성되면서 제품 및 공정의 호환성을 확인하는 메커니즘이자 품질을 보장해 주는 수단이 되는 표준이 점차 중요해지고 있다. 따라서 국제표준규격 ISO 9001/9002는 이제 경영관리 시스템의 국제 표준이 됐고, 많은 제품이 유럽 연합EU 안전표준 등에 부합돼야 한다. 미래에는 제조업자에게 물품 수거 및 처분을 책임지게 하는 환경법이 제정되어 부품의 재활용 및 재사용에 관심이 더욱 집중될 것이다.

통신 분야에서는 각기 다른 네트워크가 상호작용과 상호운영될 수 있도록 해주는 표준과 통신규약protocol이 필요하다. 표준은 상호작용이 가능하게 해주고, 상호작용은 강력한 외부효과가 있어야 한다외부효과는 경제거래를 통해 외부에 있는 거래 상대방에게 이익을 주거나 비용을 부과할 때 발생한다. 특정 표준을 채택하는 사용자가 증가하면, 그 표준은 기존 사용자와 잠재적 사용자에게 모두 가치 있는 것이 된다. 그 결과 한 가지 특정 표준이 시장을 지배하게 될 것이다. 마이크로소프트 윈도즈 운영체계가 대표적인 예다.

지배적인 표준이 지적재산권을 가지고 있는 경우에는 필연적으로 시장을 지배하게 될 뿐만 아니라 지배가 지속되고, 다른 분야에서도 지배적인 지위를 활용할 수 있다. 마이크로소프트가 차지하고 있는 우세한 지위는 PC용 윈도즈 운영체제를 지배하고 있기 때문에 가능한 것이다. 그러나 독점적인 표준을 개발하는 데는 위험이 따른다. 사용자와 공급자들에게는 경쟁 시장을 지원하는 공개 소스 솔루션이 더 인기가 있다. 인터넷 엔지니어링 태스크포스IETF와 오브젝트 매니지먼트 그룹OMG, 월드 와이드 웹 컨소시엄W3C처럼 공개 표준을 개발·추진할 수 있는 그룹들이 점차 형성되기 때문이다.

각기 다른 경영관리 시스템이 서로 정보를 교환할 수 있도록 만들어줄 표준이 출현할 것도 예상할 수 있다. 각 기업은 선형적 가치사슬의 일부가 아니라 더욱 복잡하고 역동적인 가치 네트워크로 연결될 것이다. 이 가치 네트워크에는 참여 기업들이 더욱 밀접하게 공조할 수 있는 경영관리 시스템이 필요하고, 한 회사에서 다른 회사로 데이터를 전송해야 할 필요성이 더욱 늘어날 것이다. 따라서 경영관리 시스템의 표준화가 촉진될 것이다.

표준화 접근법의 한 가지로 웹 서비스의 개발을 꼽을 수 있다. 좀더 효과적인 시스템을 구성할 수 있도록 각종 경영관리 애플리케이션을 결합하는 데 표준이 될 만한 웹 서비스를 개발하는 것이다. 현재 IBM, 선Sun, 마이크로소프트 등이 제휴하여 이러한 표준을 개발하고 있다. 이러한 표준에는 XMLExtensible Markup Language: 확장 가능 마크업 언어, SOAPSimple Object Access Protocol: 단순 객체 접근 프로토콜, WSDLWeb Service Definition Language: 웹 서비스 기술 언어, UDDIUniversal Description, Discovery and Integration: 전역 비즈니스 레지스트리 등이 있다.

이러한 시스템을 이용해서 특정 시장 수요에 원활하게 대응하기 위한 일시적인 제휴관계나 가상 회사를 설립할 수 있을 것이다. 주목할 만한 사실은 오라클Oracle 등 경영관리 시스템의 주요 공급사 일부가 웹 서비스 표준과 호환성이 있는 제품을 만들고 있다는 점이다. 이로써 미래에는 각기 다른 생산자가 공급하는 시스템의 상호 운영 가능성이 향상되어 역동적인 가치 네트워크와 가상 회사를 신속하게 설립할 수 있게 될 것이다. 따라서 글로벌 표준이 점차 중요해지고 있다.

통신 분야는 이미 글로벌 표준의 규제를 받고 있고, 다른 비즈니스 표준과 절차에도 글로벌 표준이 곧 채택될 것이다. 비즈니스가 세계화될수록 글로벌 표준에 따른 규제가 더욱 강화될 것이다. 이미 국제 공동체가 각국 정부의 행위 기준에 대해 논의하는 빈도가 높아졌다. 인권 침해와 소수민족 박해가 여전히 발생하고 있지만, 전 세계적으로 받아들일 수 있는 기준을 위반하는 국가나 개인은 세계가 주시하는 가운데 더욱 거센 압력을 받아야 한다.

지금도 국제연합UN, 세계무역기구WTO, 세계보건기구WHO 등의 국제기구가 있지만, 각각의 국가 사이에서 일어나는 개별적인 사안을 규제하는 기구가 늘어날 수도 있고, 기존 기구의 권한이 강화되거나 활동 범위가 증대되기도 할 것이다.

지리적인 경제권은 지속적으로 확대되어 왔다. 로마 제국 시절에도 유럽과 극동지역을 연결하는 실크로드가 있었으니 어떤 면에서는 이미 오래전에 세계경제체제가 형성되어 있었다고 할 수 있다. 그러나 당시에는 대부분의 경제 활동이 비교적 좁은 지역에서 이루어졌고, 다른 지역과의 경제적 연결고리도 제한되어 있었다. 세월이 흐르면서 각 지방의 경제 규모가 커져서 전국을 망라하게 되고, 미국이나 유럽 등으로 분류되는 경제지역으로 확대되어 이제는 전 세계로 확장됐다. 이러한 성장과 함께 북미자유무역협정NAFTA, 유럽 연합, 동남아자유무역협정AFTA 등 자유무역지대가 개발됐다.

이로 인해 세계의 전체적인 부가 증가하는 데 도움이 됐다는 사실은 의심할 여지가 없으나, 경제 성장기와 침체기가 반복되는 통상적인 주기가 없어지지는 않았다. 과거에는 각 경제권이 처해 있는 주기 단계가 조금씩 달라서 침체기에 먼저 들어선 국가는 아직 성장 단계에 있는 국가의 수요를 통해 자국의 경제적 충격을 완화할 수 있었다. 마찬가지로 경기 회복도 국지적으로 시작해서 다른 경제권으로 파급될 수 있었다. 그러나 국가 경제와 지역 경제가 수렴되면서 앞으로는 모든 국가가 성장과 경기 회복을 동시에 경험하게 될 것이다. 세계 경제의 변동이 과거에 비해서 더욱 심해지는 것이다.

하지만 자기 나라 밖에서 이루어지는 의사 결정에 개인이 직접 참여할 수 있는 권한은 아직 없다. 한동안은 네트워크 공동체가 이러한 공백을 비공식적으로 메워보려고 하겠지만, 환경 정책 등 일부 문제에 대해서는 전 세계적으로 투표해서 공식적으로 공백을 메우는 조치가 필요한 시기가 곧 올 것이다. 세계적인 규모를 가진 압력단체들에게 빌미를 주지 않기 위해서도 전 세계인의 견해를 대변할 수 있는 방법이 필요하다.

어떤 문제에 대해서는 한 국가가 일방적으로 결정하는 것이 타당하지 않다. 예를 들어 필자들은 영국 국민이기 때문에 미국 정부의 환경 정책에 대해 직접적인 영향력을 행사할 수 없다. 그러나 미국 정부의 환경 정책은 영국 국민인 내가 숨쉬는 공기의 질이나 내가 마시는 물의 수질, 그리고 내가 먹는 식품의 품질에도 영향을 미친다. 그러므로 비록 해당 국가의 국민과 동등하게 강력한 권한을 행사할 수는 없다 하더라도, 다가오는 미래에는 국외 공동체들의 견해를 반영하라는 압력이 각국 정부에게 거세게 가해질 것이다. 이러한 압력은 각국 주재 대사를 통해 해결하거나 이따금 개최되는 국제회의에 대표를 파견해 정중하게 요청하는 오늘날의 해법에 비해서 더욱 직접적인 방법으로 이용될 것이다.

네트워크 공동체의 기동성이 높고 세계가 점점 더 밀접하게 연결되고 있는 상황에 비추어볼 때, 각국 정부가 다수의 요구와 소수의 요구를 조화롭게 처리하기가 점점 더 어려워질 것이다. 균형적인 민주주의를 달성하기가 힘들어지고, 유권자들과의 관계가 멀어질 가능성이 더욱 많아지기 때문에 미래에는 정치인의 인기가 오늘날에 비해서도 훨씬 더 떨어질 것이다.

최근 20여 년 동안 성취한 가장 큰 발전 가운데 하나는 무역의 자유화다. 각국의 무역을 규제할 수 있는 WTO의 권한도 더욱 강력해졌다. 전통적인 경제학 이론에서는 무역 장벽을 모두 물리쳐야 한다고 말한다. 비교우위이론Theory of Comparative Advantage 에 따르면 자유무역은 무역에 참여하는 모든 국가에게 이롭다. 하지만 무역으로 얻은 이득이 언제나 명확하게 나타나는 것은 아니다. 모든 상품에 대해 시장을 완전히 개방한 나라는 하나도 없으며, 미숙한 단계에 있는 국내 산업을 보호하기 위한 다양한 무역 장벽 없이 근대 산업경제체제를 성공적으로 발전시킨 국가도 찾아보기 어렵다.

실제로 미국과 유럽 사이에 빈번하게 벌어지는 논쟁이 입증하는 것처럼, 전면적인 자유무역은 실현되기 어렵다. 개발도상국들도 시장을 개방해서 국제 경쟁의 영향을 모두 받아야만 하는 이유를 납득하기 어렵다. 뿐만 아니라 선진국들도 농업 등 국제적인 영향에 취약한 국내 산업을 보호하고 있다.

정부 차원에서도 무역 자유화에 대해 선택적으로 반발하는 상황이니 일반 국민이 경계하는 것은 당연하다. 세계화와 자유화라는 닮은 성격의 두 가지 문제는 세계 정상 회담이 있을 때마다 격렬한 반대시위를 불러일으키고 있다. 그러나 자유화를 추구하는 추세는 당분간 중단되거나 역행되지 않을 것이다.

대부분의 국가에서 기업체들은 사업 범위를 점차 세계 시장으로 확대할 것이며, 이런 추세는 전자 상거래가 성장하면서 가속화될 것이다. 각국의 정부는 인터넷을 통한 교역을 제한하는 데 어려움을 겪을 것이다. 정보 상품 및 서비스를 기반으로 한 무역이 더욱 활발해지면서 일자리도 해외로 이동할 것이다. 이미 인도는 소프트웨어 주요 공급국이 됐으며, 많은 기업이 콜 센터를 그곳으로 이전했다. 자유무역에 가장 큰 위협이 되는 것은 경기침체의 장기화일 것이다. 그렇게 되면 각국 정부는 일자리를 보호하라는 자국민의 요구를 외면하기가 점점 더 어려워질 것이다.

소유권과 지배권의 문제는 어느 경제체제에서든 근본적인 문제로 부각된다. 서구사회의 경제체제 모형은 개인의 재산권을 인정 및 보호하는 수준에 따라 달라진다. 재산권을 개인에게 할당하면 '공유지의 비극Tragedy of the Commons' 과 같은 문제는 피할 수 있을 것이다. 원칙적으로 자본주의의 이득은 주로 자본을 소유한 사람에게 돌아가지만, 경쟁으로 인해 이득이 다소 가감된다. 제조업이 우세한 경제체제에서는 자본을 물질적 자산으로 정의했다. 그러나 지식경제체제에서는 물질적 자산의 중요성이 낮아진다.

대부분의 선진국에서는 서비스 산업이 고용 면에서나 수익 면에서 가장 중요한 부문이 되고 있다. 생산 부문이 상품화 과정으로 변화되면서 나이키Nike를 닮아가는 기업도 늘고 있다. 나이키는 핵심적인 디자인 기술과 마케팅 기법을 개발하는 데 전념할 뿐, 자체적으로 제품을 생산하지 않는다. 제품은 서구 시장에서 판매되는 가격의 몇 분의 일에 지나지 않는 비용으로 빈곤지역에 있는 공장에게 하도급을 맡겨 생산한다. 이런 상황은 일면 서구 사회의 부가 성장했음을 반영하는 것이고, 제품을 선택할 때는 가격이 아니라 이미지와 열망이 기준이 된다는 사실을 보여주는 것이기도 하다. 미래에도 제품은 저임금 개발도상국의 전문 업체에서 생산할 것이다.

자원을 기준으로 삼는 기업은 핵심 자원을 지배함으로써 경쟁력을 얻게 되지만, 지식경제체제에서는 핵심 자원이 무형인 경우가 허다하다. 예를 들어 시장에 대한 지식이나 디자인 기술과 마케팅 기법이 모두 무형적인 자원이다. 세계적인 제품을 만들기 위해 '가상 회사'를 설립하고 이질적인 팀을 한데 묶어야 하는 세계에서는 연고와 관계의 네트워크가 또 다른 핵심 자원이 될 것이다. 이러한 연고와 관계는 주로 각 개인이 가지고 있다.

경영학의 대가인 피터 드러커Peter Drucker는 지식 근로자에 관해 광범위하게 고찰했다. 그는 물질적 자산을 기반으로 한 경제체제에서 지식을 기반으로 한 경제체제로 바뀌면 실질적인 권력이 이동한다고 지적했다. 물질적 자산을 기반으로 한 경제체제에서는 물질적 자산의 소유자, 즉 고용주에게 상당한 권력과 지배권이 있었지만, 지식 기반 경제체제에서는 핵심 자산인 지식을 근로자 개개인이 소유·지배하고 있다. 따라서 어느 직원이 가치 있는 지식을 가지고 있다고 인정받으면 그 직원과 고용주의 관계가 변화한다. 고용주는 핵심 직원들에게 거액의 급여를 지불하고 여러 가지 혜택을 주어야 할 것이다. 단순히 입에 발린 소리가 아니라, 고용주는 직원들이 주요 자산이라는 점을 인식하고, 감량 경영보다는 지식 경영에 중점을 두게 되고, 직장을 더욱 즐겁고 신나는 곳으로 만들려고 노력하게 된다.

이러한 현상이 얼마나 광범위하게 파급될지는 분명하지 않고, 승자 독점의 원칙이 만연하는 사회의 한 단면에 불과할지도 모른다. 소수의 핵심 근로자들은 유리한 고용조건을 얻어낼 수 있겠지만, 대다수의 근로자는 앞서 열거한 것처럼 각종 정보통신기술 ICT 기반 시스템으로 감시와 통제를 받게 될 것이다. 이러한 시스템 속에서는 관리 업무와 정보 처리 업무가 관례화 또는 자동화 될 것이다.

핵심 엘리트 근로자들은 수익 면에서 프리랜서 도급자로 일하는 것이 더 유리하다고 판단하게 될 것이다. 프리랜서 도급자가 되면 웹을 통해 전 세계로 자신의 기량을 팔 수 있기 때문이다. 물질적 자산에 의존하지 않고 가치를 창출할 수 있다면 장소에 구애받지 않고 자유롭게 자신의 일을 할 수 있다. 세계 어느 곳에서든 인터넷을 통해 서비스를 제공하는 독자적이고 자율적인 계약자의 모습이야말로 재택근무제도 개발의 견인차 역할을 한 강력한 이미지다.

재택근무가 확산되고 있는 것은 사실이지만 대부분의 재택근무자들은 여전히 직원으로 고용되어 있으며, 집에서 자유롭게 보내는 시간이 그리 많지 않다. 그들은 재택근무를 하더라도 독립성에 크게 개의치 않고, 사생활과 직장생활을 좀더 낫게 조화시키는 수단으로 보는 경향이 짙다. 실제로는 물리적 장소가 여전히 중요하다. 이는 현재 사용되고 있는 통신 기술이나 앞으로 사용할 것으로 예상되는 통신 기술도 비언어적 신호를 광범위하게 전달하지는 못하므로 효과적으로 의사를 전달하려면 인간이 반드시 필요하기 때문이다. 미국의 실리콘밸리나 영국의 실리콘펜Silicon Fen과 같은 지식 밀집지역의 성패는 혁신적인 아이디어를 창조·공유·육성할 수 있도록 관계와 공유 경험을 연계할 수 있는 복잡한 네트워크를 구축할 수 있느냐에 달려 있다.

지식 노동으로 전환되는 것이 핵심 자산의 소유권과 지배권이 점차 직원들에게 넘어가는 것을 의미한다면, 또 다른 트렌드는 물질적 자산의 소유권이 지배권으로부터 분리되는 것이다. 원가와 시간 양면에서 경쟁이 점차 치열해지면서 가치사슬 전체를 소유·지배하던 일체화된 회사의 기반이 서서히 약화되고 있다. 아웃소싱과 '린 생산방식lean manufacturing: 부품 공급업자가 주문에 따라 부품을 공급함으로써 다량의 재고를 유지할 필요성을 없애는 방식'과 같은 시스템을 도입함으로써 한 회사 안에 구축된 단일 가치사슬이 공급업자, 도급업자, 하도급업자를 연결하는 복잡한 웹, 즉 가치 네트로 대체됐다. 그 결과 정보 네트워크가 단일 회사의 경계를 넘어 엑스트라넷extranet이 구축되고 있다.

가치 시스템에 속해 있는 다양한 기업을 엑스트라넷으로 연결하면 포괄적인 경영관리 시스템의 플랫폼으로 사용할 수 있다. 현재는 네트워크의 역할이 데이터 교환에 중점을 두고 있으나, 시간 경쟁의 압력이 점점 거세지고 있으므로 생산 일정 계획이나 물류 관리 등이 자동화되면서 가치 네트 전체가 시장의 수요 변화에 신속하게 대응할 수 있게 된다. 그럼으로써 제조와 물류에 사용되는 자산의 지배권은 자산의 소유자로부터 가치 네트에 있는 제휴사 및 최종고객에게 이전될 것이다. 이는 경쟁이 업체 간의 경쟁에서 가치 네트 간의 경쟁으로 전환되는 과정의 또 다른 측면이다.

각 기업의 경계를 넘나드는 경영관리 시스템을 창안할 때 데이터의 소유권과 지배권이 새로운 문제로 대두될 것이다. 경쟁력 있는 제품을 생산하고 생산의 효율성을 높이려면 각 기업이 서로 데이터와 정보를 공유할 필요가 있는데, 이러한 경영관리 시스템은 각 기업에 관한 데이터도 수집하게 된다. 이로 인해 파생되는 문제 가운데 개인의 프라이버시 보호, 스스로 개인 정보의 사용을 관리할 수 있게 하는 시스템의 필요성, 고용주의 책임과 프라이버시의 균형 유지 등은 위에서 설명한 소비자 및 근로자의 개인 정보에 관련된 문제와 유사하다.

그런데 네트워크로 연결된 기업의 경우에는 데이터의 소유권과 지배권이 누구에게 있는지 확실하지 않을 수도 있다. 각 기업이 여러 개의 각기 다른 네트에 속해 있기 때문에, 어느 회사가 한 네트워크에 참여해서 다른 네트워크에 도움이 되는 정보에 접근하게 되면 이해관계가 상충하게 될 것이다. 이런 문제는 소비자 정보를 보호하기 위해 개발되고 있는 기술과 유사한 기술을 사용하면 부분적으로나마 극복할 수도 있을 것이다. 따라서 각 기업은 다른 기업에게 제공한 데이터의 사용을 제한하고, 그 데이터 사용 내역에 대한 감사 결과를 조사할 수 있게 될 것이다.

그러나 이때는 다시 영업 비밀을 유지할 의무라는 문제가 대두될 것이다. 예를 들어 어느 회사가 한 가지 제품에서는 다른 회사와 제휴하고 있지만 또 다른 제품에서는 경쟁관계에 있는 경우, 그 회사는 모든 제휴사에게 똑같은 정보를 공개하고 싶지 않을 수도 있다. 따라서 데이터 감사 권한이 제한될 것이다. 하지만 가치 네트가 반영구적인 연합체가 되어 신뢰를 바탕으로 하는 비즈니스 관계로 발전할 수도 있을 것이다.

사방을 바쁘게 돌아다니는 개미는 목적지 없이 제멋대로 헤매고 다니는 것처럼 보인다. 개미는 몸체가 작고 두뇌도 크지 않아서 그리 영리하지도 않다. 하지만 식량을 효율적으로 모으고 복잡한 활동을 조직적으로 해내고 있다. 이런 개미의 생태를 관찰하면서 '생체 모방 공학biomimetics' 이라는 분야가 탄생했다. 자연에서 좋은 아이디어를 얻어 인간 세계에 응용하는 것이 이 새로운 학문의 기본 과제다.

개미는 우리가 자연으로부터 무엇을 배울 수 있는지를 보여주는 훌륭한 본보기다. 식량 모으는 일을 예로 들어보자. 인간이 그 일을 맡는다면 우선 중앙본부를 만들어서 가장 좋은 식량 공급원의 위치와 각 공급원에 있는 식량의 종류와 재고량 등을 기록할 수 있는 거대한 데이터베이스를 구축하고, 이를 유지·관리하기 위해 많은 인력을 배치해야 한다. 누가 어떤 식량을 담당할지, 각자 이번 주에 가져온 식량은 얼마나 되는지, 다음 승진 예정일자는 언제인지 등의 각종 인사 기록을 관리할 인사부서도 있어야 한다. 또한 물류 담당 부서를 만들어서 가장 좋은 식량 수송 경로를 탐사해 다른 사람들이 목적지를 잘 찾을 수 있도록 지도를 그려 배포하는 일을 맡겨야 한다. 지역별로 식량 공급원을 찾아내 지도를 그리고, 공급원에 남아 있는 식량을 파악하기 위해 정찰대를 파견할 조달부서도 있어야 한다. 의료부서도 설치해 업무 수행 중에 부상한 사람을 치료해야 하고, 각종 지원 기능을 담당할 부서도 필요할 것이다.

이와 같은 과제를 개미의 관점에서 다시 살펴보자. 개미는 우연히 식량을 발견하면 혼자서 옮길 수 있는 만큼만 들고 오면서 배에서 분비되는 페로몬을 길에 뿌려 자국을 만들어놓는다. 집에 도착하면 운반해 온 식량을 내려놓는다. 다른 개미가 지나다가 그 페로몬 자국을 발견하면 따라가서 남겨진 식량을 운반한다. 만약 페로몬 자국을 발견하지 못하면 다시 제멋대로 돌아다니며 식량을 찾는다.

개미들은 식량이 어디에 있는지 미리 알 필요가 없다. 제멋대로 돌아다니다가 식량을 찾든지, 식량이 있는 곳을 알려주는 페로몬 자국을 찾을 뿐이다. 이런 방법은 그다지 효율성이 높지 않다. 하지만 개미 사회에서 효율성은 중요하지 않다. 자연계에는 이렇게 단순한 해법이 산재해 있다. 개미 몇 마리가 죽거나 다치 더라도 시간이 좀더 걸릴 뿐 식량 채집은 계속된다. 죽거나 다친 개미의 수만큼 식량 채집량이 줄어들지만, 식량을 소비하는 개미 의 수도 줄어들기 때문에 심각한 사고가 발생해도 주어진 자원과 균형을 이루게 된다. 이와 반대로 컴퓨터 프로그램은 몇 줄만 임 의로 삭제해도 전혀 작동하지 않는다.

영국의 통신회사인 BT구 브리티시 텔레콤British Telecom는 네트워 크 관리의 복잡한 과제를 이러한 관점에서 연구한 끝에 좀더 단 순하고 강력한 기술을 발견했으며, 지금도 연구를 계속하고 있 다. 이 회사의 연구소에는 생체 모방 공학을 전담하는 팀이 있다. 그 팀에서는 초파리의 배에 있는 모낭의 자체 조직에 이용되는 자연적인 메커니즘을 연구해서 새로운 이동통신 네트워크 설계 메커니즘을 구상했다. 자연의 진화 과정을 보고 컴퓨터가 새로운 소프트웨어를 자체적으로 제작할 수 있는 유전 알고리즘을 착안 하게 된 것이다. 이 메커니즘에서는 제멋대로 변형된 코드들이 컴퓨터 메모리 속에서 다른 변형 코드와 경쟁을 벌이며 시험을 치러서 가장 적합한 프로그램만이 다음 세대에 살아남는 것이다. 이런 과정이 수천 세대에 걸쳐 진행되면 불완전했던 코드 원형이 과제를 훌륭하게 처리하는 코드로 변형되어 프로그래머가 만들 어낸 것보다 버그가 적고 세련된 수준으로 진화할 것이다.

하드웨어 설계에도 이런 기술을 접목했지만 아직은 극히 제한적인 분야에서만 효과가 있기 때문에 인간의 손이 필요 없는 단계까지 이르지는 못했다. 컴퓨터가 인간과 대등한 코드 작성 능력을 갖추려면 해결해야 할 문제가 좀더 남아 있으며 대략 2010년경에는 자체적으로 프로그램을 제작하게 될 것이다.

과거에는 공학자들이 30억 년 동안 다양한 해법을 만들어온 자연보다 자신들이 더 많이 알고 있다고 생각했다. 그러나 그런 오만한 생각을 버린 후부터는 자연 속에서 새로운 아이디어를 꾸준히 발견하고 있다. 물론 아이디어를 베끼는 것은 시작에 불과하다. 자연에서 좋은 효과를 내고 있는 기술이라 할지라도 인간의 세계에 적용하려면 그에 맞게 수정해야 한다. 그렇지만 생체 모방 공학은 이미 공학 발전에 크게 기여하고 있으며, 앞으로 10년 동안 그 기술이 급속도로 향상될 것으로 예상된다.

생체 모방 공학의 장점으로는 단순성, 간결성, 세련된 디자인, 낮은 원가, 신뢰성 등이 있다. 컴퓨터가 고장나더라도 성능은 크게 훼손되지 않으며, 각 시스템이 고장을 자동으로 해결한다는 장점도 있다. 굴착기 때문에 케이블이 절단되는 사고가 빈번하게 일어나고 있지만, 개미의 원칙을 본떠 네트워크를 관리하면 처리량을 재조정하고, 문제점을 찾아내고, 변화하는 트래픽 패턴에 적응하면서 문제를 대부분 자체적으로 해결할 수 있는 시스템이 구성된다. 인조 개미조차 개입할 필요가 거의 없다.

생체 모방 공학의 범위는 동물 세계에서 얻은 해법에 국한되지 않는다. 인간은 입소문과 광고를 통해 아이디어를 전달한다. 이것은 정교하게 설계된 네트워크가 없어도 정보를 전파할 수 있는 우수한 방법이다. 또한 물리학과 화학에서도 새로운 해법을 많이 얻을 수 있다. 아이디어를 구할 수 있는 원천에 대한 편견이 없다면 어디에서든 구할 수 있다.

사실 현재 소프트웨어에 들어 있는 기능이나 운영체계 기능은 대부분 필요없는 것이다. 우리는 컴퓨터를 단순한 데이터 입력이나 읽기, 통신 또는 단순한 그래픽에 사용하는 게 대부분이다.

2002년 중반에 일반인용으로 시판된 2.5GHz 펜티엄 4 프로세서에는 0.15μ 피처 사이즈의 칩으로 조립된 트랜지스터 4,200만 개가 사용됐다. 이 프로세서는 1991년에 출시된 인텔 80486 모델에 비해서 마이크로소프트 오피스 프로그램을 다소 빠르게 실행했으나 부팅 시간은 더 오래 걸렸다. 1976년에 출시된 6502 프로세서에는 트랜지스터가 단 9,000개 들어 있고 겨우 2.5MHz의 속도로 작동했지만, 그 프로세서가 내장된 애플 2는 매우 우수한 능력을 갖춘 기기로서 워드프로세싱, 스프레드시트, 시뮬레이션,

그리고 단순한 그래픽 프로그램을 실행했다.

펜티엄 4는 6502 모델에 비해 트랜지스터가 4,700배 더 많이 들어 있고 1,000배 빠른 클록 속도로 작동했다. 또한 애플 2에 비해 트랜지스터를 1초당 500만 배 더 많이 가동했다. 이와 똑같은 기술을 이용하면 펜티엄 4 모델의 217㎟ 크기 칩 한 개가 사용된 공간에 6502 모델 칩 4,700개를 조립할 수 있고, 원래 속도보다 1,000배 빨리 작동시킬 수 있다. 각 칩의 폭이 불과 0.15㎜로 작아진다. 펜티엄 4 칩의 피처 사이즈는 이미 0.13μ으로 줄어들었다. 10년 후에는 6502 프로세서를 0.1㎜ 미만의 크기로 만들 수 있게 될 것이다. 2002년에 펜티엄 4 칩이 영국에서는 150파운드약 27만 원 미만, 미국에서는 150달러약 15만 원 미만에 팔렸으므로, 초고속 6502 프로세서는 한 개당 겨우 2페니나 3센트약 30원에 불과할 것이다. 물론 이와 같은 단순비교는 포장비를 감안하지 않은 것이며, 포장비는 같은 비율로 줄어들지 않는다. 정교함에서는 펜티엄칩과 전혀 비교할 수 없는 수준이지만, 이 프로세서만으로도 일상적인 컴퓨팅 애플리케이션을 대부분 처리할 수 있다.

이런 점을 인식한 일부 회사는 많은 기능이 필요하지 않은 사용자를 위해서 기능이 적은 애플리케이션을 제공하고 있지만, 불과 몇 년 전 업계 표준이었던 소프트웨어에 비하면 이 애플리케이션도 여전히 매우 높은 수준이다. 만일 기본형으로 되돌아가 우리에게 필요한 기능만 제공하는 초간편 컴퓨팅 수단을 만들어 낸다면, 더욱 값싸고 유비쿼터스에 적합하고 신뢰도와 안전도가 매우 높은 시스템을 만들 수 있을 것이다. 또한 버그가 전혀 없는 초간편 소프트웨어를 만들 수도 있다. 더 정밀한 칩과 소프트웨어가 필요하게 되면 네트워크를 통해 그런 능력을 갖춘 시스템에 원격 접속하면 된다.

실제로 일부 회사는 재래식 개인용 데스크톱 컴퓨터를 이용해 대량 컴퓨터 프로세싱 서비스를 제공하는 '차세대 그리드 인터넷 운영 시스템'의 개발을 추진하고 있다. 이 시스템은 그리드로 네트워크를 연결해서 여유가 있는 프로세싱 능력을 공유하는 방식이다. 그렇게 되면 평소에는 초간편 방식을 사용하다가 필요한 경우에는 고성능 시스템에 접속할 수 있기 때문에 매력적인 시스템으로 부상할 것이다.

이와 같은 '기본형 회귀 시스템back-to-basics system' 개발에는 다양한 기술이 동원될 것이다. '편재형 컴퓨팅pervasive computing'이 널리 보급됨에 따라 일상적인 환경에서 다양한 용도로 쓸 수 있는 칩이 공급될 것이다. 시스템이 자체 조직능력을 갖추게 되어 관리가 간편하고 견고해진다. 통신장치를 이용해서 각 프로세싱 섬island을 연결하면 각 프로세싱 섬 부근에 있는 사람들에게 유익한 자료를 제공할 수 있게 된다.

그러려면 하드웨어 성능에 맞도록 소프트웨어를 다시 작성해야만 한다. 1980년대 초에 제작된 소프트웨어는 저장 용량과 프로세싱 용량을 최저로 사용하도록 설계됐지만, 크기가 몇 메가바이트에 이르는 중량급 2003년형 워드프로세서는 성능이 약한 칩에서는 잘 실행되지 않을 것이기 때문이다. 프로그래머가 메모리와 명령어의 크기를 걱정할 필요가 없다면 코드를 더 빨리 작성할 수 있으나, 그로 인한 대가는 시스템 자원의 낭비에만 그치지 않는다. 코드의 '비만'은 분명히 낭비이며 더욱 중요한 점은 코드가 조잡해져서 오류나 버그, 예상치 못한 상호작용, 보안의 취약성이 문제가 될 가능성이 더 높아진다는 사실이다. 따라서 사용자의 입장에서는 다루기가 번거로우며 신뢰도도 떨어지고 보기에도 흉하다. 소프트웨어는 몇 가지 기능만 갖추고 있을 때 사용하기 쉽다. 기능을 무더기로 추가하면 메뉴가 계단식으로 길게 늘어나기 때문에 직관적인 유용성이 떨어진다.

우수한 소프트웨어 디자인은 사용하기 쉽고 유용성이 높아야 하는데, 그러자면 강력한 프로세싱 성능이 필요하다. 이미 지적한 것처럼 6502 프로세서도 지금은 몇천 배 더 빨리 작동하게 만들 수 있지만, 직관적 그래픽 인터페이스intuitive graphical interface를 작성하기 쉬운 이 시점에 명령 입력 인터페이스 방식으로 되돌아가는 것을 지지할 사람은 거의 없다. 그러나 명령어를 단순하게 만들 수 있다면 프로세싱에 시간이 조금 더 걸리더라도 참을 수 있고 오히려 이득이 될 수도 있다. 기본형으로 되돌아간다고 해서 원시적인 시스템으로 돌아가자는 것은 아니다. 단지 자원을 좀더 지혜롭고 경제적으로 이용하는 것을 의미한다. 유용성과 낭비성의 균형을 다시 손질할 필요가 있으나, 목욕물은 내버려도 아기는 보호해야 하듯 쓸모없는 것과 쓸모있는 것을 구분해야 한다.

이러한 트렌드가 IT 디자인을 전면적으로 변화시키는 데는 몇 년이 걸리겠지만, 그 결과로 얻을 수 있는 강점 때문에 결국은 분명히 변화가 일어날 것이다. 보안성과 신뢰성에서 얻는 이득만 감안하더라도 이와 같은 트렌드에 힘이 실릴 수 있다. 그러므로 2010년쯤이면 컴퓨팅 그리드의 지원을 받으며 어떤 작업이라도 거의 처리할 수 있는 프로세싱 능력을 갖춘 초간편 시스템이 상당히 널리 보급될 것이다.

우리는 현재 하고 있는 일, 현재 시간, 현재 함께 있는 사람, 그리고 현재 있는 장소에 따라서 필요한 정보의 종류와 연락하고 싶은 상대가 달라진다. 지금 진행되고 있는 연구 중에는 이와 같은 통화와 업무의 '상황'을 확인하는 문제를 해결하려는 연구가 많다.

현재 쓰고 있는 전화기에는 거래처와 친구들의 명단을 저장하는 기능이 있다. 그 명단을 분류하면 발신자와 내용, 시간대에 따라 메시지를 분류하고, 장소에 따라 특정 부류에게서 오는 전화를 전달하거나 차단할 수 있다. 발신자가 친구인지 직장동료인지, 또는 친구이자 직장동료인지 입력해 놓을 수 있기 때문에 기계가 이를 추측하는 능력이 없더라도 별 문제가 되지 않는다.

앞으로 몇 년 안에는 이러한 기능이 더욱 발달해서 기계가 더 정교한 방법으로 스스로 여과한 적절한 정보를 전달해주게 될 것이다. 이 기계는 우리의 하루 일과와 위치 정보를 이용해서 우리가 현재 있는 장소는 물론, 무슨 이유로 거기 있는지 확인하고 우리에게 어떤 것이 유익할지 예측하게 될 것이다. 뿐만 아니라 감성적인 단서와 콘텐츠를 분석하여 특정 수신 메시지를 보고 싶어 할지 아닐지까지 파악할 것이다.

이러한 상황 인식context awareness 시스템은 실현이 가능한 기술이며, 바람직한 것으로 받아들여지고 있다. 하지만 학계 일각에서는 이것이 예상만큼 그렇게 간단한 것인지 의문을 던지고 있다. 에릭슨이 2002년에 발표한 논문에 따르면 '상황 인식'이라는 용어에는 명확히 해야 할 것이 두 가지 있다. 첫째로 상황 인식 시스템의 목적은 기계가 자율적으로 행동하는 것이고, 둘째로 상황을 인식하고 적절한 행동을 결정하는 능력을 갖추려면 상당한 지능이 필요하다.

에릭슨은 자신의 논문에서 일련의 규칙을 토대로 결정을 내리는 컴퓨터 시스템의 자율적인 행동이 어떤 문제를 야기하는지 몇 가지 사례를 제시했다. 물론 학습 에이전트처럼 규칙을 추가로 입력할 수도 있으나, 예기치 못한 상황 등 모든 상황에 대처할 수 있는 규칙을 구축하는 것은 불가능한 일이다. 에릭슨은 시스템의 자율적인 행동에 맡길 수 없는 상황이 많기 때문에 시스템은 단지 인간에게 정보만 전달할 뿐, 결정은 인간이 내려야 한다고 지적했다. 상황을 정확히 인식하고 어떤 것이 적절한 행동일지 판단하는 데는 컴퓨터보다 인간이 더 우수하다는 것이다.

워커 등도 2001년에 발표한 논문에서 자동차에 컴퓨터가 탑재된 상황을 예로 들며 이와 비슷한 우려를 표시했다. 에릭슨과 마찬가지로 궁극적으로는 인간이 시스템을 제어해야 한다고 주장한 이들은 두 가지 시나리오를 예시했다. 첫째 시나리오는 차량의 기술적 성능과 효율성을 최적화하고 운전자의 심리상태도 지원하도록 테크놀로지를 설계하지만 궁극적인 통제권은 운전자가 가지는 경우다. 둘째 시나리오에서도 유사한 테크놀로지를 사용하지만 사용자의 심리상태는 감안하지 않는 경우다. 후자의 경우에 긴급사태가 발생하면 운전자와 시스템이 서로 상반된 행동을 해 참사가 빚어진다.

두 가지 논문 모두 시스템은 인간을 지원하되 궁극적인 통제권과 책임은 인간이 계속 가지고 있어야 한다는 의견을 제시했다. 적절한 경우에는 규칙을 토대로 한 시스템을 사용해야 하겠지만, 상황 인식 시스템의 한계를 알아야 한다. 일정한 수준의 분별력과 질적인 판단력이 필요한 결정은 인간이 내려야 하는 것이다.

이보다 훨씬 더 골치 아픈 일이 있다. 브리검 영 대학교Brigham Young University에서 조직 리더십 및 전략을 연구하는 데티엔 조교

수가 1993년에 발표한 논문에서 통화 내용을 도청하기 위해서
일부 업체가 채택한 '전자 스파이'는 개인적인 선호에 따라 사용
할 기법이나 사용하지 않을 기법을 선택하므로 직원의 근무 성적
에 대한 정성적定性的 평가를 주관적으로 내릴 수 있다고 지적한
것이다.

내가 쇼핑을 하고 있는 동안 친구가 그 도시에 도착했다고 알
려주는 애플리케이션의 출현도 예측할 수 있다. 이러한 애플리케
이션은 친구와 나의 위치를 파악하고 두 사람의 일정표를 분석한
뒤, 두 사람에게 빈 테이블이 있는 가까운 커피숍에 대한 정보를
제공할 것이다. 이런 종류의 서비스가 상업적으로 성공할 확률이
가장 높지만, 우리가 있는 장소에 따라 그 장소에 관련된 광고를
끊임없이 보내주는 속임수 애플리케이션도 등장할 것이다.

이런 애플리케이션이 성공하려면 위치 정보와 상황 정보가 사
회생활에 보탬이 되고 인간의 욕구 충족에 직접 활용될 수 있음
을 입증해야 한다. 일방적으로 정보를 주입시키려고 이런 서비스
를 운영하는 회사도 많겠지만, 사람들이 필요성이나 욕구를 느끼
지 못하면 실패할 가능성이 크기 때문이다.

한편 의미론적 웹Semantic Web에서는 의미에 따라 데이터에 색
인을 붙일 수 있고 데이터들의 논리적 관계를 규정할 수도 있다.
이것이 구상대로 운영된다면, 데이터의 의미를 일상적인 언어로
부호화할 수 있는 제1세대에서는 출장 계획에 필요한 항공편과

호텔의 정보를 알아보는 등 일상적인 관리업무를 매우 쉽게 처리하게 된다. 예를 들어 비행기 좌석의 유무, 일정, 여행시간 등을 조사할 수 있는 기계로 항공사 사이트에 응답 지령 신호를 보내고, 예약에 필요한 업무를 적절하게 처리할 수 있는 것이다. 이 기계는 사이트의 생김새나 느낌에 관계없이 작동한다. 기계에게 중요한 것은 단지 데이터의 유무, 그리고 데이터의 의미밖에 없다.

그 다음 단계에서는 기존의 텍스트를 자동으로 분석하고 해석할 수 있을 것이다. 그러면 인간이 가지고 있는 다량의 지식 문서를 정형화된 논리 관계와 기계로 인식할 수 있는 의미로 분류해서 각 캡슐에 보존하게 된다. 이것은 지능 컴퓨터 소프트웨어로부터 고도의 지원을 받아야만 성취할 수 있는 작업이다. 많은 기술자들은 이러한 과제가 실현될 수 있으며, 새로운 지식을 만들어내는 데 의미론적 웹이 대단히 유익한 도구가 되리라고 확신하고 있다. 의미론적 웹의 논리 엔진을 이용하면 과거에 아무도 연결하지 못했던 단편적인 정보를 모두 연결시켜 자동적으로 새로운 지식을 만들어낼 수 있을 것이다.

인공지능의 발달

인공지능은 지금까지도 뜨거운 논쟁의 대상이 되고 있으나 오해에서 비롯된 경우가 많았다. 인공지능 개발자를 크게 두 진영으로 분류할 수 있는데, 한 진영은 의식 또는 인간과 비슷한 지능을 창조하려는 연구자들이고, 다른 진영은 그저 특정 업무를 처리할 때 필요한 수준의 지능만 부여해 특정 과제를 수행하게 하려는 연구자들이다. 후자가 오늘날 비즈니스 애플리케이션 개발의 주류를 이루고 있다.

일을 잘 처리하고 비용 면에서도 효과적이라면, 기계가 인간처럼 생각할 능력을 가지고 있든 없든 우려하는 사람은 없다. 체스를 예로 들어보자. 사람도 체스를 잘 두려면 지능이 상당히 높은 수준이어야 하는데, 오늘날에는 기계가 일반인뿐만 아니라 가장 뛰어난 체스 명수도 물리칠 수 있는 경지에 이르렀다. 그러나 현재 인공지능에 대한 연구는 대부분 과제 진행 계획 및 검색 엔진의 효율성 제고, 고객 분석표 정리, 또는 생산 라인에서 품목을 분류하기 위한 기본 신경망 사용 등 평범한 애플리케이션에 머물러 있다. 연예 부문에서는 영화 〈반지의 제왕 2-두 개의 탑〉의 전투 장면 일부를 만들 때 소프트웨어 에이전트를 가상 전사로 이용했다. 이 소프트웨어 에이전트는 적을 어떻게 공격해야 할지 스스로 결정하는 능력이 있어서 사람이 각 캐릭터의 움직임을 일일이 그릴 필요가 없었다.

이런 일들은 사람들의 시선을 끌지 못한다. 컴퓨터가 이런 일을 한다고 해서 위협적인 존재라고 생각하지는 않기 때문이다. 하지만 지금의 컴퓨터는 재즈를 작곡하거나 기사를 작성하는 등 여러 분야에서 이미 상당한 수준의 능력을 발휘하기 시작했다. 지금까지는 사람만이 이런 일을 할 수 있다고 생각했는데, 언젠가는 컴퓨터가 인간보다 더 잘하게 될지도 모른다는 생각이 들자 많은 사람들은 위협을 느끼게 되었다. 컴퓨터는 감정이나 직감, 창의력 또는 상상력이라는 도구가 없어도 이런 과제를 아주 훌륭하게 수행한다. 컴퓨터가 인간과 동등한 수준이 되려면 아직 멀었지만, 많은 연구자들은 그런 시대가 반드시 올 것이라고 믿고 있다.

컴퓨터의 수준이 많이 뒤떨어지는 것으로 보이던 분야에서도

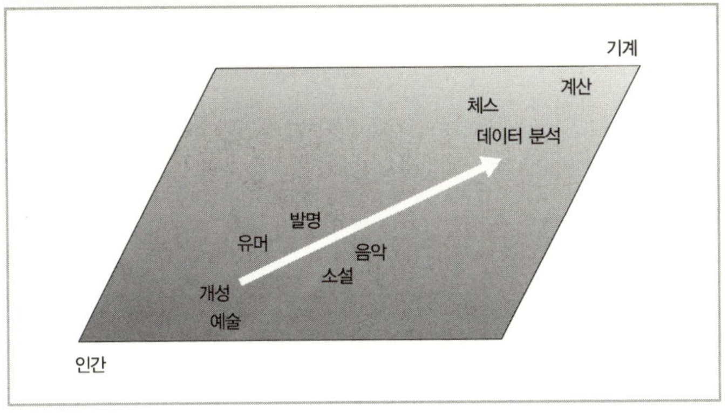

진전의 기미가 보이고, 인간이 컴퓨터의 도전에 직면하리라는 증거도 나타나고 있다. 아직은 유명한 컴퓨터 캐릭터가 극히 적은 편이지만, 에이도스EIDOS사가 제작한 게임 〈툼 레이더Tomb Raider〉의 주인공 라라 크로프트는 이미 지구상에서 가장 잘 알려져 있고 보수를 가장 많이 받는 스타의 반열에 올랐다. 맥시스Maxis사의 〈심스The Sims〉처럼 평범한 수준의 인공지능을 사용하는 게임도 매우 인기가 높다.

용도가 분명하고 생활을 위협하는 존재가 아니라는 것이 확실하면, 일정한 분야에 컴퓨터 기반 지능을 기꺼이 도입할 것이다. 또한 가상 세계를 꾸미는 옷이나 가구 또는 실내장식 등 가상 상품은 물론, 자신을 상징하는 가상 인물 등 실체가 없는 것에도 사람들은 돈을 지불하려고 할 것이다. 가상 환경 분야에 대해서는 나중에 좀더 상세히 살펴보겠다.

사실 컴퓨터를 기반으로 한 지능은 머지않아 고용시장에 막대한 영향을 미치기 시작할 것이다. 원시 데이터 처리 능력을 기준으로 할 때 우리의 두뇌는 속도 면에서도 오늘날의 PC보다 2,000배 이상 빠르지만, 컴퓨터의 속도는 매년 배로 증가하고 있으며 소프트웨어 처리 범위도 매일 확대되고 있다. 오늘날의 컴퓨터는 사용자가 남자인지 여자인지 식별하기도 벅찬 입장이지만, 2010년까지는 일상적인 관리업무가 상당 부분 자동화되고, 수준 낮은 전문 서비스는 점차 온라인으로 제공될 것이다. 또한 인공지능으로 인해 생산성이 증가되므로 각 부서의 인원이 감소될 것이다.

인공지능을 보는 시각에는 두 가지가 있다. 비관주의자는 기계의 도움을 받아서 과제를 해결함으로써 과제의 가치를 저하시킨다고 생각할지도 모른다. 반면에 인공지능이 인간의 숙련도를 향상시켜 과거에는 너무 어려워서 감당할 수 없었던 과제도 처리할 수 있게 됐다고 생각하는 사람도 있을 것이다.

인공지능을 건설적으로 이용하면 인력을 같은 수준으로 유지하면서도 회사의 능력을 증대시킬 수 있다. 예를 들어 콜 센터의 수준 낮은 업무를 자동화하면 기계가 단순한 업무를 처리하는 동안 직원들은 소비자들에게 고급 지원 서비스를 제공할 수 있다. 콜 센터의 직원들도 즐거운 마음으로 더 많은 통화를 처리할 수 있을 것이다. 업무 처리 속도가 더욱 빨라지는 한편, 소비자가 원하면 상담원이 더 많은 시간을 할애할 수 있기 때문에 소비자들도 만족할 것이다. 뿐만 아니라 사람과의 접촉을 계속 유지하면서 컴퓨팅 부문에서는 인공지능의 도움을 추가로 받을 수 있게 된다. 이렇게 전체 규모가 훨씬 커지고 그 가치도 훨씬 증대된다. 그러므로 인공지능이 증가하면 자동적으로 과잉 인원을 해고하는 사태가 발생할 것이라고 비관적으로 추측할 필요가 없다물론 경영자가 인공지능을 그런 식으로 이용하려고 한다면 그런 일이 발생할 수도 있겠지만 말이다. 많은 경영자들은 인공지능을 직원들의 **효율성과 가치를 향상시키는** 데 사용할 것이다.

어떤 면에서는 또 다른 인공지능 연구자 진영이 더욱 흥미로운 부류다. 인공지능 연구자 중에는 기계는 절대로 의식을 가질 수 없고 인간 수준의 지능에 도달할 수 없다고 확신하는 사람이 많다. 이들 가운데 상당수는 디지털 컴퓨터의 속도가 계속 빨라지겠지만, 속도 그 자체는 의식이나 진정한 지능을 얻을 수 있는 해법이 아니라고 주장한다. 그러나 이러한 방법으로 의식을 가진 기계를 창조하려고 애쓰는 사람은 거의 없다.

디지털 컴퓨터는 규칙 기반 전문가용 시스템에 적합하지만, 그러한 규칙으로 수천만 가지 '상식'에 도달하더라도 사람이 이미 이해한 지식을 부호화하는 데 그칠 뿐이다. 디지털 시뮬레이션 방식의 신경 네트워크가 다양한 분야에서 응용될 수 있지만, 진정한 지능을 얻을 가능성은 거의 보이지 않는다. 의식과 고도의 지능을 연구하는 사람들은 아날로그 신경 네트워크에 잠재력이 더 많다고 보고 있다. 그 이유는 우리의 두뇌가 이와 유사한 테크놀로지를 기초로 한 것으로 보이기 때문이다. 인간의 두뇌는 태어날 때부터 기본 구조 중 일부를 갖추고 있으나, 성장하면서 현실 세계에서 얻는 경험에 따라 프로그램이 되고, 우리의 행동과 그 결과가 지속적으로 피드백된다. 어떤 강력한 감각에 대한 인간의 기억은 일반적인 디지털 컴퓨터 디자인이 처리하는 것에 비해 훨씬 일관되고 세련된 방식으로 프로세싱 체계를 짜는 것으로 보인다.

의식 컴퓨팅Conscious computing의 목표는 복잡하다. 인간의 두뇌가 작용되는 원리에 대한 세부적인 지식이 너무 부족하기 때문에 그 메커니즘을 수십 년 안에 재구성하기는 어렵다. 하지만 2015년까지는, 아니 모든 일이 순조롭게 진행된다면 2010년까지는 인간과 기계가 동등해질 수 있다는 희망을 강력하게 뒷받침하는 도구가 바로 자체 조직력과 합성 진화synthesized evolution다.

센서나 통신장치, 저장장치 및 프로세싱 장치를 각 단계별로 가장 기초적인 수준에서 뒤섞어서 충분한 크기의 매트릭스를 만들고, 이 매트릭스가 각기 다른 구조를 반복해서 자체 조직화하도록 한 다음, 합성 진화를 이용해 '생명 형태'의 시스템 지능을 향상시킬 수 있다. 이 '생명 형태'는 생존하는 방법과 상호작용하는 방법을 스스로 발견하게 될 것이다. 우리는 시스템에게 청

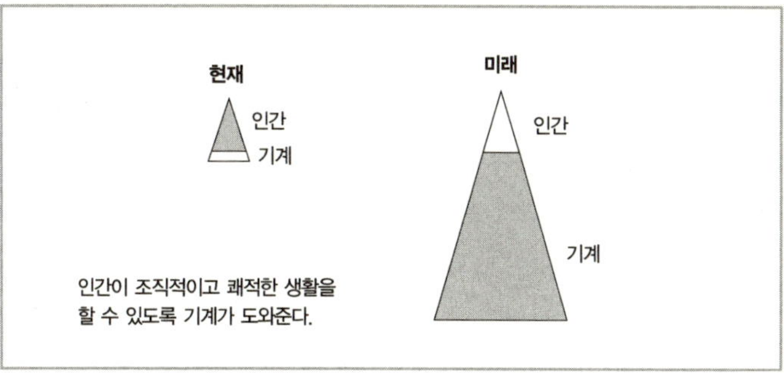

록조류에 해당하는 컴퓨터를 주고 캄브리아기의 대폭발과 같은
과정을 견뎌내어 영장류 수준으로 급격히 발달하는 광경을 그저
지켜보기만 하면 된다. 그 뒤에는 시스템을 통신망에 연결해서
그 피조물이 인간의 지식을 전파하도록 해주면 그만이다. 그 시
점에 이르면 인간의 두뇌보다 프로세싱 속도가 현저하게 빠르고,
통신망에 저장해 둔 모든 지식을 이용할 수 있고, 물리적 세계에
대한 경험적인 지식을 완벽하게 갖춘 장치가 출현할 것이다. 그
때부터 그 장치는 지속적으로 빠르게 진화함으로써 막강한 초인
적 능력을 성취하게 될 것이다.

이 '프로그래밍'의 최종 단계는 아서 C. 클라크의 매우 독창적
인 책 《2001 스페이스 오디세이Space Odyssey》에 등장하는 HAL
9000 컴퓨터에서 직접 영감을 얻은 것이다. 공상과학 작가들의
상상력은 대단히 뛰어나서 이들의 멋진 아이디어가 기술적으로

실현되려면 수십 년이 걸리는 경우가 허다하다. 그러나 HAL 컴퓨터처럼 능숙하지는 않더라도 일상적인 언어를 이해하고 말하는 능력, 체스 시합 능력, 자동 조종 능력은 물론, 인간의 기분과 몸짓을 인식하는 능력에 이르기까지 HAL 컴퓨터의 속성 가운데 많은 부분이 이미 예정대로 개발됐다. 이제 얼마 후면 원시 데이터 처리row processing 성능 면에서 HAL 컴퓨터 수준에도 이르게 될 것이다. 그 다음 단계는 당연히 스스로 학습하는 발견적 프로그래밍heuristic programming 개념을 실현하는 것이다. 유감스럽게도 컴퓨터가 때때로 우리가 원하는 것과 반대로 행동할지도 모른다는 우려를 당연한 사실로 받아들이게 될 날이 곧 올 것 같다.

오늘날 전 세계의 여러 연구소에서는 이와 유사한 접근법의 기본원리가 개발되고 있다. 결과는 지켜봐야겠지만 이들이 성공할 가능성도 있다. BT이그잭트의 'OBI' 프로젝트는 원칙적으로 200만 종의 감정을 표현할 수 있고, 신경세포가 인간의 두뇌보다 50배 많고, 신경 연결이 100배 더 많은 시스템을 구상하고 있다. 또한 각 신경세포는 최고 10억 배 빠른 속도로 정보를 교환할 수 있고, 신경세포 사이의 정보 전달이 100만 배 빨리 진행될 수 있음에도 불구하고 크기는 인간 두뇌의 10분의 1에 불과할 것이다. 이 구상은 아직 콘셉트웨어concept-ware에 지나지 않지만, 이미 파악한 기술과 지속적으로 개발하고 있는 기술을 바탕으로 한 것이다. 따라서 최초의 시제품을 제작하는 비용이 많이 들긴 하겠지만, 기술적으로는 거의 확실하게 실현될 수 있다.

인공지능이 발달함에 따라 컴퓨터 범죄도 증가할 것이다. 2003년에도 이미 인터넷을 이용한 범죄가 발생했고, 각종 형태의 사기 범죄가 인터넷 범죄의 주종을 이루고 있다. 이러한 범죄는 모두 인간이 주도한 것이지만, 인공지능이 진보해서 소프트웨어가 자체적으로 내린 결정에 따라 행동하게 되면, 우발적으로든 고의적으로든 범죄 행위를 할 수 있는 능력을 갖추게 될 것이다. 특히 자동 진화를 이용한 소프트웨어 및 하드웨어 설계로 인해 특정 과제를 훌륭하게 수행하는 알고리즘과 구조가 등장하겠지만, 결과적으로 코드가 어떻게 작용할지 확실히 알 수는 없다.

인공지능을 갖추도록 설계된 소프트웨어는 다른 웹 사이트 및 개인과 양방향으로 정교하게 작용하겠지만, 진화 엔진을 어떻게 디자인하느냐에 따라 소프트웨어가 우리의 지시대로 움직일 수도 있고 아닐 수도 있다. 소프트웨어 개발 환경에 적절한 법적 규제를 모두 수록하지 않거나 특정한 법률을 고의로 무시하라고 명령하는 경우도 있을 것이다. 예를 들어 기존의 소유권을 전혀 고려하지 않고 지적재산권 판매 수익을 극대화하라고 명령하면, 소프트웨어가 각 웹 사이트에서 자료를 '훔쳐서' 되파는 일도 발생할 것이다. 그렇게 되면 누가 이러한 범죄행위를 책임져야 할지 밝히기가 쉽지 않을 것이다.

일부 소프트웨어는 자동 개발 과정, 특히 진화 과정을 거친 알고리즘을 통해 사람이 충분히 인식하기 전에 자동적으로 발달할 수도 있다. 또한 인터넷을 통해 소프트웨어를 배포할 수 있으므로 어떤 지역에서는 합법이지만 다른 지역에서는 불법이 될 수도 있다. 암호화 기술의 발달과 P2P 방식으로 인해 범죄 소프트웨어를 단속하고 일소하는 일은 고사하고, 그런 소프트웨어를 확인하는 일조차 극히 어렵게 될지도 모른다. 소프트웨어로 비롯된 범죄는 고의성이 없다 하더라도 심각한 문제가 될 수 있다.

09 | 안전하고 효율적인 전자화폐

많은 회사들이 세계적으로 통용될 전자화폐를 출시하려고 노력해 왔으나, 지금까지는 주로 소액 결제를 위한 표준 메커니즘을 준비하는 데 노력을 집중했다. 이 가운데 일부는 상당한 성공을 거두었지만 보편적으로 받아들일 수 있을 만큼 실행 가능한 솔루션은 아직 아무도 마련하지 못했다.

하룻밤 사이에 전자화폐가 전 세계적으로 보급되기는 어렵겠지만, 그렇다고 불가능한 일은 아니다. 인터넷 사용자들은 주로 마이크로소프트의 인터넷 익스플로러나 AOL 타임워너의 넷스케이프 웹 브라우저를 이용해 웹 사이트에 접속한다. 이 두 회사가 협력해서 브라우저와 대다수의 웹 서버가 직접 지원하는 형식의 전자화폐를 출시한다면 실질적인 글로벌 표준이 될 수 있다.

그 외의 다른 회사나 그룹은 이런 일을 그렇게 빨리 성취하기 어려울 것이다.

전자화폐가 전 세계적으로 통용되면 각국의 화폐를 환전하는데 드는 은행 수수료를 현저하게 절감할 수 있다. 전자화폐를 스마트카드에도 적용하면 일반 상점이나 자동판매기, 대중 교통수단 등에서 이용할 수도 있다. 스마트카드에는 절도나 분실을 방지하는 고도의 보안 기능을 집어넣을 수도 있기 때문에 돈을 인출하려면 징표나 개인 식별 번호PIN, 지문 또는 홍채 스캔 방법으로 신원을 증명해야 할 것이다. 이렇게 되면 훔쳐봐야 아무런 의미가 없게 되므로 분실 염려가 있는 일반 카드보다는 안전한 통신망에 돈을 등록해 놓게 될 것이다. 소액 결제에는 보안성이 다소 떨어지는 버전을 사용하고, 위험 부담이 더 클 때는 익명 사용도 선택할 수 있게 될 것이다.

잃어버리거나 도둑맞기 쉽고 한 나라에서만 사용할 수 있는 주화나 지폐 대신 어느 곳에서나 통용되는 전자화폐만 가지고 다니기를 원하는 사람이 많아질 것이다. 그렇게 되면 이론적으로는 미국 달러나 유로화처럼 일정한 국가나 지역에서 통용되는 화폐가 점차 전자화폐로 대체되어 마침내 쓸모없게 될 것이다. 물론 은행이나 정부가 이런 식으로 권한을 빼앗기고 싶어하지 않기 때문에 전자화폐 유통에 개입해 규제하려고 할 것이다. 그러나 규제 조치가 성공하려면 여러 국가가 협력해야 하며, 한 국가가 독자적으로 세계적인 트렌드를 막기란 쉽지 않다.

전자화폐의 중요한 장점 가운데 하나는 실용성이 월등하게 우수하다는 점이다. 이미 할인 쿠폰이나 상점 거래 실적 카드의 점수와 항공사 마일리지부터 유아 돌보기 모임 회원 카드에 이르기까지 새로운 형태의 돈이 출현했다. 이런 돈은 모두 온라인으로 쉽게 저장·관리·교환할 수 있다. 저장된 돈을 사용하면 컴퓨터 프로그램이 실행되는 방식으로 관리되기 때문에 현금이 컴퓨터의 지능을 갖추고 상황에 따라 각기 다르게 행동하게 된다.

현금을 거래할 때마다 컴퓨터 알고리즘이 개입하기 때문에 이러한 현금을 '알고리즘' 화폐라고도 부른다. 예를 들어 각 상점이 재고 부담을 분산시키는 데는 상품 교환권이 더 많은 도움이 되기도 하고, 어린이들에게 일정한 용도로만 사용하도록 정해진 용돈을 줄 수도 있다. 어린이들이 용돈을 교환하기 시작하면서 학교 운동장에 암시장이 형성되는 날이 올지도 모른다. 성인의 경우에도 현금을 특정 용도로만 사용하도록 제한하여 관리할 수 있다. 마치 점심 식권을 주는 것과 같다.

현금의 가치가 끊임없이 변동하는 현실을 고려해서 시간이 경과함에 따라 현금 가치가 떨어지는지 확인하는 알고리즘도 있을 것이다. 특정한 단위의 현금을 사용한 사람의 내역이 스마트카드에 기록되므로 명사화폐Celebrity Cash나 수집용 화폐가 발행될 가능성도 있다. 터무니없는 이야기같이 들리겠지만, 이미 많은 사람들이 선불 전화 카드를 수집하면서 수집품의 가치가 떨어질 것을 우려하여 카드를 사용하지 않는다. 그런 수집품을 수천 달러씩 소장하고 있는 사람들도 있다. 전자화폐에 그래픽을 결합시켜 현재 보유하고 있는 소유자의 휴대전화나 컴퓨터 화면에 화폐가 나타나게 할 수도 있다. 따라서 화폐를 미학적으로 보기 좋게 도안하거나 예술적으로 만들 수도 있다.

전 세계적으로 각종 지역통화local currency도 출현하고 있다. 용역이나 기호품을 교환하는 데 사용하는 것으로, 실제 화폐를 사용하지 않기 때문에 소득세 부담을 피할 수 있다. 이를 지역통화교환제도Local Exchange Trading System라고 부른다. 현금이 거쳐온 경로를 모두 기록할 수 있으므로 '깨끗한' 내력을 가진 윤리적 화폐라는 개념이 생길 수도 있다. 뿐만 아니라 화폐 사용자가 사용 승인을 하지 않은 회사나 나라에서는 그 화폐를 사용한 적이 없다는 사실을 확인할 수도 있다. 전자화폐 서비스를 제공하는 회사가 이러한 기능을 모두 시행할지 알 수 없고, 고객이 어떤 형식의 전자화폐를 받아들일지도 알 수 없지만, 2010년경에는 전자화폐 시장이 빠르게 발달할 것이다.

앞으로 등장할 새로운 기술 중에는 이미 진행 중인 변화에 큰 영향을 줄 만한 것도 많다. 예를 들어 위치 측정 시스템의 정확도를 향상시키면 신규 시장이 열리고 기존 시장도 확대될 것이다. 그러나 향상된 위치 측정 시스템을 이미지 및 음성 인식 시스템과 저렴한 카메라에 연결시키는 등, 다른 기술과 연결하면 파괴적인 효과가 발생할 우려도 있다. 예를 들어 국민의 행동을 감시할 수 있는 정부의 능력이 증대됨으로써 기존의 상황이 획기적으로 변화될 수도 있다.

다른 기술도 산업 모델을 와해시킬 수 있다. 예를 들어 공생 네트워크나 무선 랜을 통해 무료 통화가 가능해지면 네트워크 운영 회사의 수익성에 막대한 영향을 미칠 것이다. 이러한 결과가 곧 명확하게 나타나겠지만, 결과를 직접 보기 전에는 와해의 징후를 탐지할 길이 없다. 저가정책을 편 항공사들이 항공 운송업에 엄청난 결과를 초래했으나 변화가 상당히 진전되기 전까지 그러한 정책의 파급효과를 밝혀낸 사람이 거의 없었던 것과 같다.

기존의 접근법과 정면으로 경쟁하여 확실히 우수하거나 가격이 저렴한 솔루션을 제공하면 기술 그 자체가 와해력을 가질 수 있다. 하지만 공상만으로 비즈니스 계획을 세우고 신기술을 접목시켜 실패하는 경우도 흔하다. 따라서 저장장치를 기반으로 한 네트워크는 재래식 네트워크에 대한 양면 공격에 사용될 수 있다.

BUSINESS 2010
2010년
유망
비즈니스
전망

01 | 욕구를 창출하라

주류 경제학에서는 세계가 본질적으로 균형을 유지하고 있다고 보고 있지만, 생물학적으로 보자면 경제는 균형과는 상관없이 끊임없이 변화하는 상태에 있다. 경제체제와 상거래체제를 정적靜的으로 보는 견해가 진화론적인 견해로 바뀐 것이다.

우리는 경제 성장을 당연한 권리처럼 받아들이고 있지만, 경제 성장의 원인은 전혀 파악되지 않고 있다. 노동과 자본의 성장이 전체 경제 성장에 기여하는 비율은 매우 낮다. 기술 진보가 경제 성장의 핵심 요소지만, 전체 성장의 20~50% 정도 기여하는 데 그치는 것으로 추산된다.

경제학자 폴 로머 교수는 "사람들이 자원을 취득해 그 가치를 더 높일 수 있게 재처리하면 경제가 성장한다"고 말했다. 그는 자원을 처리할 수 있는 방법의 수는 곱셈으로 산출해낼 수 있는 것이지 덧셈으로 산출하는 것이 아니라고 지적했다. 따라서 N개의 자원이 있는 단순한 모델에서 새로운 경제적 재화를 만들기 위해 자원을 사용하든 사용하지 않든 자원을 처리할 가능성이 있는 조합의 수는 2N이 된다. 물론 모든 조합이 상업적으로 타당한 것은 아니지만, 한 가지 제품에 단순히 '재료를 혼합하는' 것 이상의 의미가 있다. 즉 기술이 발달할수록 기존 제품과 결합시킬 수 있는 재화의 수가 늘어나서 새로운 가능성의 대폭발이 일어나는 것이다.

시장 전문가들은 고객의 욕구에 부응하는 것이 중요하다고 강조하지만, 고객의 욕구는 일정하지 않다. 음식, 물, 주거 등 반드시 충족시켜야 할 기본적인 욕구가 몇 가지 있는 것은 사실이다. 그러나 시장에서 판매되고 있는 대부분의 재화와 서비스는 이런 기본적인 욕구와는 거의 상관이 없다. 물리적 공간에서 만들어져 시판되는 제품 및 서비스와 이들이 정신적 공간에서 만나는 욕구 사이에는 끊임없는 상호작용이 진행된다. 새로운 제품은 새로운 욕구를 창출한다. 소니사의 워크맨이 아무도 인식하지 못했던, 존재하지도 않았던 욕구를 창출한 신제품의 전형적인 본보기다. 롤프 옌센에 따르면, 우리는 미래에 '꿈의 사회Dream Society' 에서 살게 되며, 사람들의 감성적인 욕구와 열망에 부응하는 제품이 사회에서 성공을 거둘 것이다.

우리에게는 제품과 욕구가 함께 진화하는 물리적 공간과 정신적 공간이 있다. 가상 공간은 그 두 개의 공간과 상호작용을 할 수 있는 제3의 공간을 연다. 이 공간은 우리가 서로 상호작용을 하고, 물리적 공간과 상호작용을 할 수 있는 방식을 변화시킨다. 가상 공간에서 새로운 아이디어가 개발되면 그것이 정신적 공간에서 새로운 욕구를 창출하고, 물리적 공간과도 상호작용하여 막대한 양의 새로운 혼성 제품과 서비스를 만들어낸다. 그러면 또다시 새로운 욕구가 생겨나고 더 많은 제품 아이디어가 튀어나온다. 가능성이 끝없이 많기 때문에 어떤 제품이 개발될지, 어떤 제품이 성공을 거둘지 예측하기란 불가능하다. 분명한 것은 가능성의 범위가 계속 확대되리라는 점이다.

장기적으로는 신제품에게 기회가 끊임없이 주어짐으로써 지속적인 경제 성장이 보장될 것이다. 신제품을 불과 몇 초 안에 전세계에 홍보할 수 있는 가상 공간도 성장률을 높이는 데 한몫을 할 것이다. 아이디어가 신속하게 전파되고 가상 공간에 접속하는 사람의 수가 더욱 늘어나면서 신제품에 대한 아이디어가 더 빨리 양산될 것이다.

하와이나 갈라파고스 섬처럼 격리된 화산섬은 처음에 황량한 바위섬이었으나 이제는 특이한 동식물이 많이 서식하는 풍요로운 생태계로 변했다. 초기에는 동식물이 외지에 있는 기존 생태계에서 우연히 이 섬으로 왔다. 세월이 흐르면서 이 종種들은 독자적으로 진화해 다른 곳에서는 전혀 찾아볼 수 없는 종으로 바뀌었다. 이러한 사례는 가상 공간에서 현재 일어나고 있는 현상에 대한 좋은 비유가 된다. 지금은 아이디어와 개념이 기존의 물리적 공간과 정신적 공간에서 가상 공간으로 이주하고 있다. 물리적 공간에 있는 사물을 모델로 삼은 아이디어들은 가상 공간에서 시험을 거친다. 좋은 본보기로 '쇼핑몰'과 '채팅 방'이 있다.

네트워크에서 개발된 새로운 업체들은 물리적 세계에 있는 상품을 마케팅하고 유통·판매하는 데 소요되는 거래비용을, 가상 공간을 이용함으로써 절감할 수 있는 가능성을 모색하고 있다. 즉, 가상 공간의 초기 비즈니스는 물리적 공간 또는 '실물' 경제에서 파생되고, 물리적 공간의 지원을 받는다. 하지만 이런 경제활동 중 일부가 이미 가상 공간으로 이동하기 시작했다. 가상 공간에서의 돈은 물질적인 상품이 아니다. 전 세계 컴퓨터에 저장되어 있는 정보가 바로 돈이다. 가상 공간에 참여하는 사람이 증가하면서 주식 거래도 주로 가상 공간에서 이루어지고 있다. 증권 거래 업무가 전문가의 특별 영역에서 벗어나 모든 사람에게 개방된 것이다.

아직은 돈을 버는 활동이 주로 물리적 세계에서 벌이는 활동에 의존하고 있다. 가상 공간을 통해 돈이 흐르고 있기는 하지만, 가상 공간에서 돈이 생기지는 않는다. 그러나 가상 업체가 더 많이 설립되면 가상 공간에서 일어나는 경제활동만으로도 돈이 생

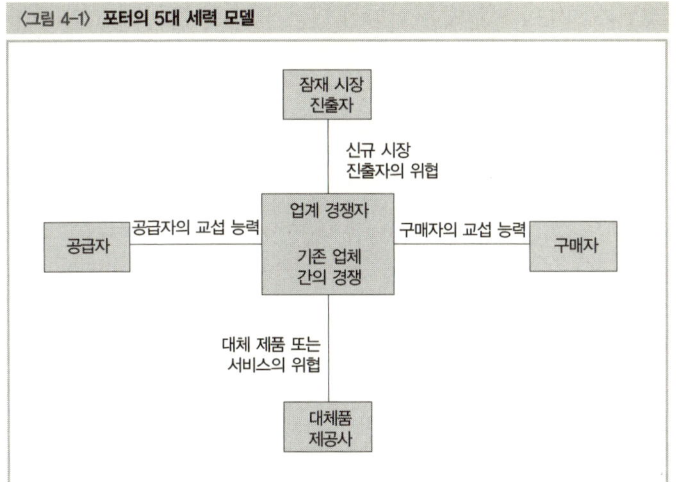

길 것이다.

가상 업체들은 가상 공간이 제공하는 상거래의 가능성을 더욱 열심히 탐구할 것이다. 이러한 업체들의 발전으로 사람들의 욕구와 기대가 변화하게 될 것이며, 그에 따라 상거래 환경도 바뀔 것이다. 틈새시장을 겨냥한 새로운 비즈니스가 시작되는 것도 상거래 환경을 바꾸는 데 한몫을 할 것이다. 일부 업체는 특정 틈새시장을 공략해 그 부문을 지배하는 수준까지 성장하기도 하겠지만, 몰락하고 실패하는 비즈니스도 속출할 것이다.

변화는 모든 생명체의 특징이다. 그러나 진화는 일정한 속도로 진행되지 않는다. 생태계가 상대적으로 안정되어 있어 느린 속도로 진화가 진행되는 기간이 있는가 하면, 짧은 시간 안에 많은 동식물의 종이 발전하고 몰락하는 기간이 있다. 대량 멸종 사태가 발생한 후에는 폭발적인 변화가 일어난다. 갑자기 새로운 틈새가 열리면서 새로운 종으로 채워지기를 기다리기 때문이다.

가상 공간은 새로운 비즈니스 세계이므로 새로운 형태의 비즈니스가 그 안에서 진화할 수 있다. 가상 공간의 새로운 비즈니스 가운데 일부는 물리적 세계의 비즈니스 운영방식에도 영향을 미칠 것이다. 전략의 대가 마이클 포터는 전략을 개발할 때 고려해야 할 전략적 추진동력에 대한 모델을 제시한 바 있다. 이 전략적 접근법을 뒷받침하는 것은 추진동력이 급속도로 변화하지 않는다는 가정이다. 전략 기획은 대체 제품이 개발되기 전, 구매자의 욕구와 구매력이 변화하기 전, 또는 새로운 업체가 시장에 출현하기 전에 신속하게 전략을 실행하는 경우에만 효과를 거둘 수 있다.

그러나 가상 공간에서는 전략적 지형이 항상 변화하고 있다. 새로운 시장 참가자와 새로운 비즈니스 아이디어가 끊임없이 등장한다. 검색 기능 시장이 성장할 가능성이 있다고 판단되면, 새로운 검색 메커니즘 아이디어를 구상하는 것이 미래에 적합한 법인을 기획하는 것보다 더 낫다. 하지만 새로운 아이디어의 개발이 계속 진행되고 있고, 짧은 시간 안에 개발이 완료되기 때문에 상거래 환경의 변화에 대해서는 어느 회사도 한치 앞을 내다볼 수 없다. 기업이 장기적으로 성공하려면 끊임없이 혁신해야 할 필요가 있다.

사이버 경제의 규모가 점차 커짐에 따라 일부 분야는 안정되기 시작할 것이다. 지금은 모든 가상 공간이 미개척 분야지만 결국 영구적인 비즈니스 모델이 출현할 것이고, 인간과 비즈니스의 새로운 욕구가 미개척 분야를 만들어낼 것이다. 환경이 점차 안정되면 각 기업의 초점이 바뀌기 때문에 변화와 지속적인 혁신을 강조하던 추세에서 효율성과 원가절감에 중점을 두는 추세로 바뀔 것이다.

그러나 변화는 항상 위협적인 요소다. 물리적 세계에서도 한 회사의 평균 수명은 약 25년이다. 드 지우스가 지적한 것처럼 100년 이상의 역사를 가진 회사들은 핵심 비즈니스를 철저하게 바꾸었기 때문에 살아남았다. 이러한 회사는 대개 새로운 비즈니스 분야에 진출하기 위해 소규모 자회사부터 설립한다. 일부 회사는 실패하기도 하고 매각되기도 하지만, 하나 또는 둘 정도는 성장해 회사의 새로운 핵심 사업이 된다. 가상 세계에서는 감가상각을 하거나 매각해야 할 고정자산이 없으므로 변화가 더욱 급격하게 일어날 것이다. 각 업체는 혁신을 촉진하고 그 결과를 발전 가능성이 있는 사업으로 육성할 수 있는 구조를 개발해야 한다.

가상 공간에는 물질적인 자산이 필요없으므로 새로운 사업체를 신속하게 설립하기가 쉽다. 이러한 장점을 활용하고 탁월한 혁신을 통해 경쟁력을 갖추면, 권력이 물질적 자본을 소유하고 있는 사람으로부터 지적 자본을 보유하고 있는 사람에게로 이동한다. 임직원에게 재정적인 보상으로 스톡옵션을 주는 추세가 특히 미국에서 확산되고 있는데, 장기적인 안목에서 보면 스톡옵션은 가상 회사의 진정한 소유자가 직원이라는 현실을 반영하는 것이라고 할 수 있다.

권력의 근원 중 하나가 개개인의 지적 능력이라면, 또 다른 근원은 가상 공간을 항해할 수 있는 개개인의 능력에 있다. 지리적인 제약이 없는 가상 공간에서는 각 주체 사이에 고정적인 관계가 없기 때문에 누구나 그 공간 안에서 정보와 서비스, 그리고 다른 거주자들에게 접근하는 한편, 자신의 지리적 위치를 개발해야 한다.

가상 공간의 단편적인 정보나 서비스 등 각 주체에 접근하는 경로가 아주 많기 때문에 정부는 물론 가상 공간 규제당국조차 각 주체에 접근하거나 이용하는 내용을 통제할 수 없다. 하지만 검색은 문제가 다르다. 가상 공간의 규모를 보면 포털 사이트와 검색 엔진 사이트가 상당한 권력을 가지고 있다는 사실을 알 수 있다. 마케팅 전문가들은 미래의 핵심 문제는 메시지를 어떻게 이해시키는가가 아니라 어떻게 사람들의 주의를 끌어 메시지를 전달할 수 있을까 하는 점이라는 것을 이미 깨닫고 있다.

무더기로 배달되는 정보가 증가하면서 사람들은 주의를 끌지 못하는 메시지를 무시하는 데 점점 익숙해지고 있다. 따라서 시장에 새로 진출하려는 회사에게 가장 어려운 문제는 잠재 고객들에게 회사의 존재를 알리는 일이다. 포털 사이트를 지배하는 사람은 잠재고객 대부분에게 회사의 존재를 알릴 수 있는 능력을 가지고 있다. 급격하게 진화하는 사이버 경제체제에서 '입소문'은 전파 속도가 너무 느려서 효용성이 별로 없을 것이다. 이 세계에서는 브랜드가 매우 중요하다. 광범위한 제품과 서비스의 품질을 보장하는 브랜드는 대기업만 소유하는 것이 아니다. 소기업들도 공동 브랜드로 집단화함으로써 고객에게 품질을 보장하고 잠재고객에게 인터넷 서핑과 포털 사이트 이용에 편의를 제공할 수 있다. 게다가 회원사들을 위한 마케팅 활동을 적극적으로 전개하고, 회원 가입자격이 있는 창업자에게는 사이버 경제에 진입하는 경로를 제공할 수도 있다. 그리하여 경제계에 군집현상이 일어난다.

사이버 경제가 발전하면 변화의 속도가 더욱 빨라질 것이다. 이 새로운 세계에서 오늘날의 방식대로 사업체를 운영하면 실패할 수밖에 없다. 사이버 경제에서는 각종 비즈니스를 충분히 검토할 시간이 없다. 각 업체는 먼저 움직이는 것이 유일한 방책이라는 점을 인식하게 될 것이다. 각 기업이 신제품을 끊임없이 출시하지만, 성공하는 기업은 소수라는 사실도 인정할 수밖에 없을 것이다. 이는 영화제작소나 출판사의 경우와 같다.

혁신 과정을 잘 관리해 우수한 아이디어를 활용하고, 실패하더라도 프로젝트 비용을 잘 관리할 수 있는 기업이 성공을 거둘 수 있다. 세계가 너무 급속도로 변하기 때문에 기획할 시간도 없다. 3M의 경우 생산되기 시작한 지 4년 미만인 제품에서 수익의 30%를 얻는 정책을 시행하고 있다. 실제로는 4년이라는 시한조차 진부하게 보일 것이다. 이 세계는 '지체하면 남아 있는 것이 없는' 세계다. 혁신적인 기업만 살아남는 환경에서는 새로운 아이디어를 개발·실행하고, 고객이 앞으로 원할 것은 무엇일지 미리 감지할 수 있는 능력을 갖추어야 한다. 그런 능력을 갖춘 사람이야말로 회사의 가장 중요하며 유일한 자산이 될 것이다.

가상 공간의 현재 모습은 물리적 세계로부터 깊은 영향을 받았다. 그러나 가상 공간에 더 오래 머물러 있다 보면 정신 구조가 진화하고, 정신적 세계와 물리적 세계에 대한 사고방식도 변화할 것이다.

앞서 설명한 요인들이 미래에 함정이 될지 기회가 될지는 비즈니스 환경의 변화를 어떻게 활용하는가에 달려 있다. 지금부터 2010년까지 비즈니스는 테크놀로지의 빠른 변화 속도에 직면하게 될 것이다. 이 변화 속도는 활용 능력에 따라 위기가 될 수도 있고 기회가 될 수도 있다.

테크놀로지의 중요성에 대해서는 빈번하게 토론이 벌어지고 있다. 테크놀로지는 도구에 불과하고 사회적 견인차에 비해 중요하지 않다고 무시하는 사람들이 있는가 하면, 테크놀로지가 시장의 견인차 역할을 한다고 주장하는 사람들도 있다. 실제로는 테크놀로지를 사회적 욕구에 연결시키는 매우 간단한 순환 주기가 있어 우리는 이 주기를 계속 반복적으로 돌고 있다. 이 주기를 따

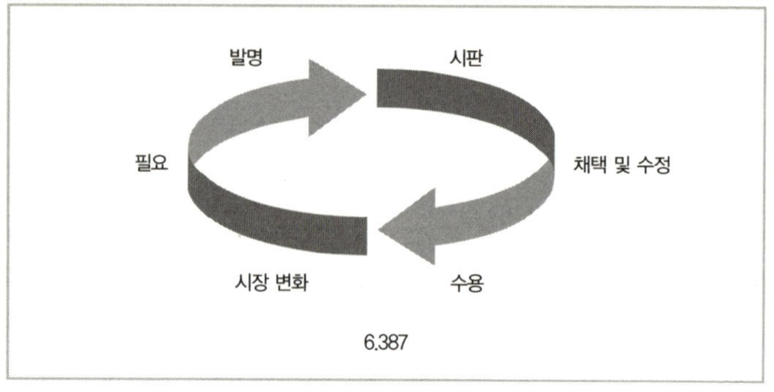

라 진보하는 속도가 빠르게 가속되고 있다.

통신 산업이 이 혁신 주기의 좋은 본보기다. 장의사를 운영하던 스트로저Strowger라는 사람은 수동식 전화 교환원이 고객의 전화를 제대로 연결시켜주지 않았다는 사실을 몇 년이 지난 뒤에야 알았다. 교환원이 전화를 부당하게 다른 장의사에게 연결시켜주었다고 의심한 스트로저는 전동 기계식 자동 전화교환기를 발명했다. 그 교환기는 전자식 교환기로 바뀔 때까지 수십 년 동안 널리 사용됐다. 전자식 교환기가 여러 차례의 순환 주기를 거쳐 이동통신과 인터넷에 도달했고, 오늘날에는 통신 네트워크 구석구석까지 인터넷 프로토콜 TCP-IP를 집어넣는 단계에 이르렀다. 이러한 변화가 사회적 변화를 가져와서 장비를 사용하는 방법이 변경되고, 시장 변화와 발명이 그 뒤를 잇는다.

미래에 출현할 차세대 기술은 이미 연구개발실에서 볼 수 있

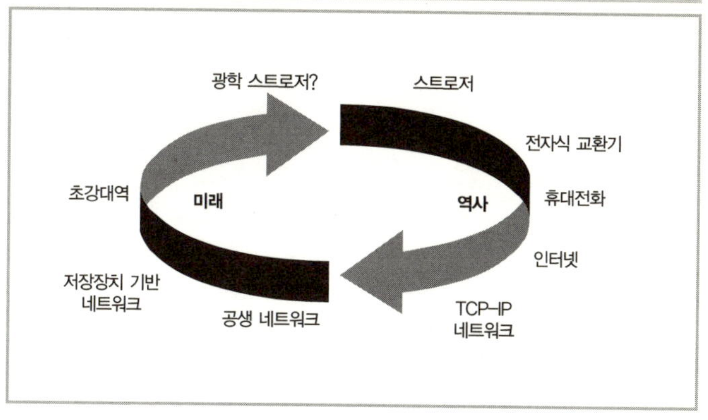

다. 그 중에는 아주 낮은 전력을 사용해 넓은 스펙트럼의 주파수를 통해 전송하는 초광대역UWB도 있다. 기술 변화가 일어나면 혁신 주기를 완전히 한 바퀴 돈 것이다. 혁신 주기가 어디에서 시작하는지는 중요하지 않다. 주기에는 몇 가지 견인차가 있어서 혁신 주기가 무한정 반복된다. 통신 교환기의 경우에는 기술 자체가 주기를 완전히 한 바퀴 돌 것으로 보인다. 비록 구리 전선 대신 광섬유를 사용하겠지만 스트로저의 교환기는 아주 먼 미래에도 사용될 것으로 보이기 때문이다.

그러나 통신 산업은 매우 복잡한 사회 경제체제의 세계에서 단 한 가지 견인차에 불과하다. 좀더 넓게 보면 전 세계 모든 산업에 그런 주기가 있음을 알 수 있다. 수없이 많은 주기가 동시에 발생하고, 그 결과 '맴돌이 전류eddy currents' 사이에 복잡한 상호

작용이 일어나 전체적인 혼란 상태를 초래한다. 이 혼란은 다른 기술 분야의 변화와 비교해 볼 때 훨씬 중대한 영향을 미칠 것이다. 그 혼란 속에서도 승자와 패자가 생긴다. 비즈니스와 상거래는 계속 창업가의 도전을 받을 것이다. 산업시대에 사용하던 업무 처리 절차가 가장 좋은 것이라는 역설에 전혀 구애받지 않는 사람들이 있을 것이다. 산업시대의 상거래 경험은 정보화시대에 부정적인 자산이 될 수 있다. 어느 회사가 정보화시대 환경에 적합한지 알아보려면 다음과 같은 방정식을 적용할 수 있다.

$$\text{적합성} = \frac{\text{유연성} \times \text{속도} \times \text{비전}}{\text{경험}}$$

오래된 회사는 운영 환경이 변화했기 때문에 달리 생각해야 한다는 사실을 받아들이지 못하는 경우가 많다. 그러나 환경에 잘 적응하는 기업만이 살아남는다. 변화에 적응하지 못하면 고전을 면치 못하고, 과거에 최상급 기업이었다 하더라도 퇴출될 수밖에 없을 것이다. 그러므로 혼란은 진화의 압력이며, 적응력이 가장 뛰어난 기업에게 유리한 것이다.

IT 부문을 필두로 특정 통신 분야에서는 시장 분할 구도가 분명히 변화된다. 통신 분야는 전통적으로 기업과 가정으로 고객을 구분했으나, 미래에는 이러한 구분으로 충분하지 않다. 이동전화가 출현한 이래 기업과 가정의 경계가 점차 희미해졌다. 이동성이라는 말은 사람들이 사회생활을 하는 동안 언제 어디서든 전화를 쉽게 사용할 수 있다는 것을 의미한다. 그럼에도 불구하고 각 사회 집단을 유지하는 데 전화를 활용할 수 있는 서비스가 거의 없다. 아직도 거의 모든 전화 서비스가 개인 대 개인 통신이나 직장 중심의 회의 기능에 중점을 두고 있는 것이다.

각종 사회 집단을 지원할 수 있게 설계된 서비스를 기다리고 있는 거대한 미개척 시장이 있으며, 2010년경에는 이 시장이 눈

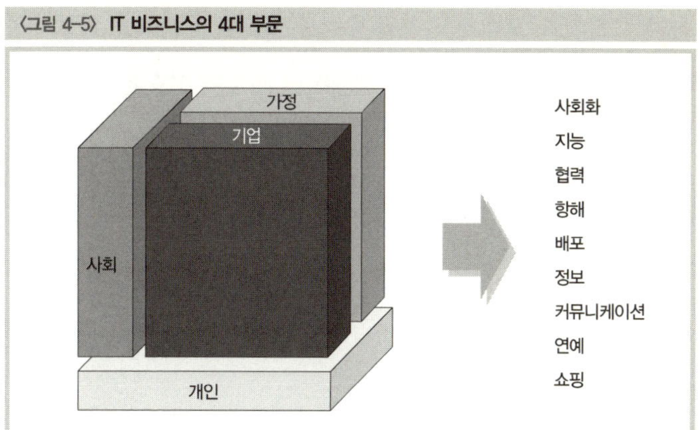

에 띄게 성장할 것이다. 현재 제공되는 서비스는 주로 두 명의 개인이 사용하는 통신을 위한 것이다. 회의 서비스가 있기는 하지만 설정 방법이 까다롭기 때문에 거의 사용되지 않고 있다. 사람들은 누구나 친구, 친척, 직장 동료, 스포츠클럽 등 여러 가지 사회 집단에 속해 있으므로, 이런 집단과 쉽게 연락을 지속할 수 있도록 서비스를 개발해야 한다.

이 시장을 개척하면 사회 집단에서 정보통신을 사용하는 빈도가 늘어날 것이다. 사람들은 접촉이 잦은 집단에게 더욱 충성하는 경향이 있으므로 사회 집단을 대상으로 한 시장의 다른 부분도 활성화될 것이다. 예를 들면 자신의 소속감을 과시하고 싶은 충동을 강렬하게 느껴서 똑같은 맞춤 티셔츠 등을 입는 사람이 늘어날 것이다. 그러면 사회 집단에게 다른 종류의 서비스를 제

공하는 기업도 고객과 접촉할 수 있는 더 좋은 경로를 확보하게
될 것이다. 따라서 이 시장을 개척하면 시장이 선순환 구조로 확
대될 것이다.

사람과 사람 사이의 관계가 복잡하기 때문에 사회생활에 관련
된 시장도 매우 복잡하다. 지리적인 연고로 생기는 관계도 있고,
가족이나 이웃, 친구 사이와 같이 매우 충성도가 높은 관계도 있
다. 가치관을 토대로 맺어지는 관계도 있고, 멀리 떨어져 살고 있
는 사람과의 관계도 있다. 물론 직업에 관련된 관계도 다른 분야
로 파급될 수 있으나, 직업상 알게 된 사람과는 사회적인 관계로
알게 된 사람과 다른 성격의 관계를 유지하게 된다. 먼 미래에는
소프트웨어 주체, 즉 가상 인물과 관계를 맺을 수도 있다. 이렇게
다양한 집단에게 맞는 다양한 서비스를 설계해서 제공할 수 있을
것이다.

데이트를 주선하거나 새로운 동네로 이사 갔을 때 친구를 소
개해 주는 등, 미래의 관계를 지원해줄 하드웨어와 소프트웨어
장치도 상상해 볼 수 있다. 각자의 개성을 요약한 '자아' 배지를
만들어서 다른 사람들의 배지와 정보를 교환하는 사업이 이미 소
규모로 개발됐다. 이 배지를 달고 있다가 비슷한 관심사를 가진
사람을 만나면 신호가 울린다.

또 다른 주요 미개척 분야는 인터페이스 문제에 대한 해법이
다. 2010년경에는 이 분야의 상당 부분을 점령하는 기업이 출현

하겠지만, 여전히 개선할 여지가 남게 될 것이다. PC 인터페이스는 점점 사용하기 쉬워지고 있다. 그래도 여전히 직관적인 인터페이스와는 거리가 멀다. 제조업자들과 소프트웨어 제공자들이 더 많은 장치를 더욱 빈번하게 사용하기를 원하고 있기 때문에 인터페이스 문제를 해결할 방안은 연구과제 목록에서도 우선순위가 높다.

사람들은 사용하기 힘든 장치나 기능은 외면한다. 더 나은 인터페이스라고 해서 반드시 웹 사이트나 리모컨을 다시 설계할 필요는 없다. 소니는 아이보Aibo 전자 애완동물에서 탁월한 진보를 이루었으며, 다른 회사들도 가정용 로봇을 연구하고 있다. 로봇을 가전제품의 주요 인터페이스로 활용하면 많은 사람들이 가전제품을 좀더 편리하게 사용할 수 있게 될 것이다. 로봇 공학이 발전하면 자연언어 처리기능을 결합시킬 수 있고, 실제 로봇 대신 화면 속의 아바타를 이용하는 수준까지 이르게 될 것이다아바타는 사람이나 다른 캐릭터를 나타내는 가상 공간의 표현물이다.

아바타는 컴퓨터로 만들어낸 가상 환경에서 자주 볼 수 있다. 가상 환경은 실제 환경을 표현한 것도 있고 완전히 상상의 세계를 꾸민 것도 있다. 가상 환경의 설계 및 입주는 대규모의 미개척 분야다. 미래에는 사교 활동, 직업, 쇼핑, 은행 업무, 의료 상담, 교육 등 우리 생활의 각 분야별로 특성에 맞는 가상 환경이 설계될 것이다. 1990년대 이전에는 웹 사이트 디자이너가 거의 없었

〈그림 4-6〉 미래의 관계

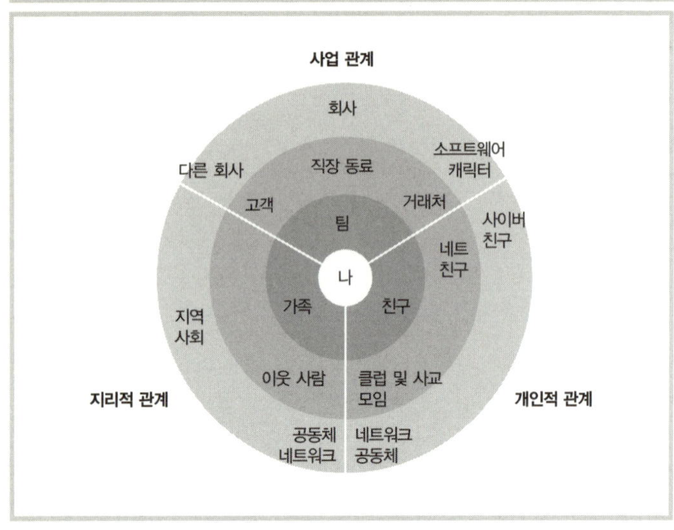

사업 관계
회사
소프트웨어
캐릭터
다른 회사
직장 동료
고객
거래처
팀
사이버
친구
네트
친구
나
가족
친구
지역
사회
이웃 사람
클럽 및 사교
모임
지리적 관계
개인적 관계
공동체
네트워크
네트워크
공동체

〈그림 4-7〉 '자아' 배지를 이용한 새로운 친구 및 거래처 만들기

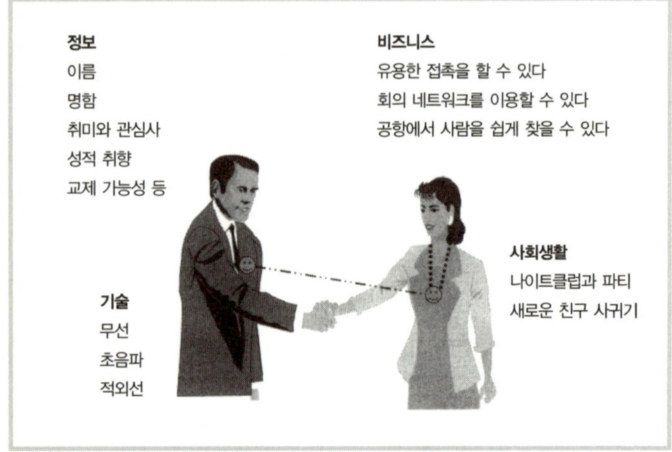

정보
이름
명함
취미와 관심사
성적 취향
교제 가능성 등

비즈니스
유용한 접촉을 할 수 있다
회의 네트워크를 이용할 수 있다
공항에서 사람을 쉽게 찾을 수 있다

사회생활
나이트클럽과 파티
새로운 친구 사귀기

기술
무선
초음파
적외선

〈그림 4-8〉 자연적인 가정 인터페이스

벼룩도 없고, 죽은 쥐를 가져오는 법도 없고, 선물을 줄 필요도 없고, 털이 떨어질 염려도 없고, 새끼를 낳는 일도 없다.

다. 2000년대 말까지도 가상 환경 디자이너의 수가 그다지 많지 않겠지만, 2010년경 이 분야가 급속하게 유망한 사업으로 성장할 것이다.

필자들은 1991년경에 이미 대규모 가상 환경 시장이 조성될 것이라고 예상했다. 그 당시 이틀 동안 계속된 워크숍에서 필자들과 다른 참가자들은 새로운 비즈니스 기회가 될 만한 아이디어를 많이 제시했다. 그때 가장 우수한 가상 환경은 수천만 명의 방문자를 끌어들일 것이고, 입지 조건이 좋은 가상 부동산은 높은 수수료를 받고 임대하게 될 것이라고 예견했다.

현재 제공되는 가상 환경 가운데 일부에서도 구조물을 짓고, 실내 장식을 하고, 서로 교류하면서 어드벤처 게임도 즐길 수 있는 서비스를 제공하고 있다. 우리가 예견했던 대로 인기 있는 환경에서는 가상 부동산을 마케팅하고, 이베이 사이트를 통해 경매에 붙이기도 할 것이다. 에버퀘스트라는 온라인게임에는 언제나 10만 명의 게임 참가자가 접속하고 있다. 높은 기량이나 지위를 얻은 게임 참가자는 그것을 다른 사람에게 팔 수도 있다. 아직은 개인용 컴퓨터 조종 인터페이스가 보잘 것 없는데도 불구하고 이러한 거래가 성사되고 있다.

광대역 사용자가 늘어나고 비주얼 중심의 인터페이스를 능숙하게 다루는 사람이 증가하면 이 시장도 도약단계에 접어들 것이다. 3차원 비주얼 세계를 마우스로 항해하기는 너무 어렵다. 3차원 항해 장치와 단순한 구축 도구를 개발하는 일이 우선 해결돼야 한다. 이러한 장치와 도구가 앞으로 몇 년 안에 개발될 것으로 예상되는데, 이것을 개발하는 기업은 엄청난 수익을 올릴 것이다.

정보 관련 근로자는 재택근무를 할 수 있는 경우가 많고, 미래의 가상 회사에서는 출근할 사무실이 없기 때문에 재택근무를 해야 하는 사람이 늘어날 것이다. 그러나 이미 경험했듯이 집에서 일하는 것이 편한 사람이 있는가 하면, 사무실에 가는 것을 선호하는 사람도 많다. 이러한 욕구는 재택근무와 공동사무실을 결합함으로써 충족시킬 수 있다. 재택근무자들이 마음에 드는 사람들과 함께 어울려 일할 수 있도록 지역 사무실 빌딩에 작업공간을 만드는 것이다.

재택근무 센터가 주거지에서 아주 가까운 곳에 있으면 출퇴근 시간이 줄어들고 쾌적한 근무 환경이 조성된다. 남들과 함께 일할 수 있어서 사회적 측면도 충족된다. 대도시 근로자들은 대부분 몇

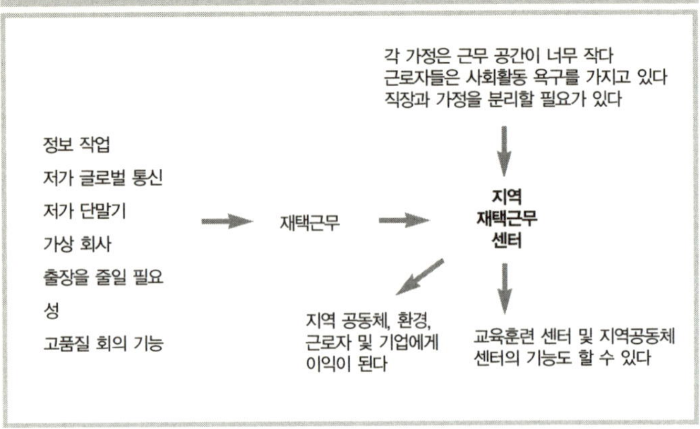

시간씩 걸리는 곳에 떨어져 살지만, 재택근무 센터에서 일하는 사람들은 같은 지역 주민이다. 그러므로 재택근무 센터는 정보화 사회를 원만히 운영해나가는 데 매우 중요한 역할을 할 것이다. 필자들은 이 시장이 앞으로 크게 확대될 것으로 예상한다.

각 기업은 종이 중심의 수작업 시스템을 컴퓨터 중심의 자동화 시스템으로 교체함으로써 비용을 크게 절감하게 됐다. 이를 통해 각 시스템 사이에서 발생하는 국지적인 차이를 없앨 수 있기 때문에 각 기업은 사업 전체를 동일한 시스템으로 집중화하는 방향으로 발전하고 있다. 그러면서 점차 품질 관리 시스템에 중점을 두게 되고, 국제규격 ISO 9001을 준수하는 추세가 가속화되고 있다.

이 과정의 다음 단계는 이미 명확하게 보인다. 어느 대기업 전체를 표준화하는 작업이 가능하다면, 어떠한 종류의 비즈니스에도 맞도록 비즈니스 툴과 업무 처리 절차를 표준화하는 작업도 가능하다. 그러면 신설 회사는 시판 중인 각종 업무 처리 절차를 구입하거나 서비스 회사에 아웃소싱함으로써 별 어려움 없이 창업할 수 있다. 어떤 회사든 기본적인 기능은 거의 같고, 산업 부문에 따라 상대적으로 약간의 차이가 있을 뿐이다.

아직은 회사마다 조금씩 다른 각종 부서가 있으므로 소프트웨어를 구입해 각 기업의 전통적인 시스템에 맞도록 개조하면 업무 처리 절차의 표준을 수립하는 데 도움이 된다. 하지만 이러한 서비스를 유능한 아웃소싱 회사에 맡긴다면 세계 각지의 모든 회사와 연결할 수 있으므로 더 좋은 성과를 거둘 수 있다. 단순히 소프트웨어를 구입할 경우 자체적으로 수정해야 하는 부담에서 벗어나 핵심 사업에 전념할 수도 있다. 또한 표준화된 소프트웨어와 하드웨어 플랫폼을 운영하고 전문화된 직원을 확보하면 비용도 크게 절감할 수 있다. 따라서 그 서비스를 구입한 회사는 비용을 절감하고, 서비스를 제공한 회사는 번창하게 된다.

05 | 퇴조 분야는 신중히 선택하라

앞으로 새로 형성되는 시장도 많고 확장되는 시장도 많겠지만, 일부 전통적인 시장은 쇠퇴할 것이다. 쇠퇴하는 시장 가운데 하나는 송신 산업이다. 송신 산업은 앞으로도 몇 년 동안 수익이 계속 증가하겠지만, 이익 마진이 이미 한계에 도달했으며 앞으로 계속 떨어질 것이다.

물론 네트워크에서 수익을 창출할 수 없다면 네트워크를 운영할 기업은 아무도 없을 것이다. 따라서 우선 이익 마진의 하락이 안정 국면으로 돌아서고, 일정한 이익 목표액을 실제 총비용에 가산하는 원가가산cost-plus 방식의 비즈니스가 될 것이다. 그 이후에는 기술의 발달로 원가가 절감되는 만큼 마진이 하락할 것이다. 게다가 무선 랜처럼 경쟁력을 갖춘 테크놀로지가 많이 있으

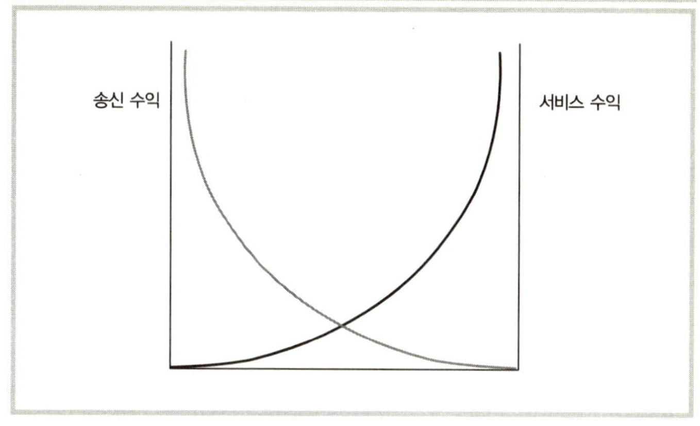

므로 원가는 더욱 떨어질 것이며, 공생 네트symbiotic net와 저장장치 기반 네트도 위협요소가 될 것이다. 서비스 제공과 네트워크 운영을 통합하면 부가가치 서비스에서 나오는 이익으로 송신 서비스를 보조할 수 있으나, 송신 비즈니스 그 자체는 쇠락할 것이다. 통신회사들은 통화에 현저한 가치를 부가하는 길 이외에는 사업을 계속할 수 있는 다른 방법이 없을 것이다. 이미 몇 년 전부터 이런 추세를 인식하고 있는 대부분의 통신회사들은 이러한 변화에 대처하기 위해 장기적인 전략을 조정했다.

각종 대리점도 쇠퇴하는 시장 가운데 일부다. 요즘에는 휴가 여행을 예약할 때 '재래식' 여행사를 찾아가는 대신 웹으로 해결하는 사람이 부쩍 늘었다. 항공사 웹 사이트를 통해 직접 항공편을 예약하고, 호텔 숙박과 휴가 여행을 한데 묶은 패키지를 저렴하게 판매하는 웹 사이트를 이용하는 경우가 많다. 미래에는 요즘처럼 조그만 사진을 통해서 정보를 얻는 것이 아니라 전면 프리뷰를 통해 숙박시설이나 전망, 추가 여흥 프로그램 등 휴가 일정에 대해 다양한 정보를 볼 수 있게 될 것이다.

휴가 일정을 짜는 데는 시간이 많이 걸리기 때문에 시간에 쫓기면서 여행사 사무실에서 면담을 하는 것보다 집에서 웹 사이트를 검색하는 것이 훨씬 편리하다. 웹 사이트를 이용하면 여행사 대리점이 보유하고 있는 정보 대부분을 고객이 직접 이용할 수 있고, 호텔들도 고객과 직접 거래하는 데 만족하고 있으므로 이러한 추세는 계속될 것이다. 그러므로 고객과 직접 거래할 준비가 되지 않은 휴가 관련 업체는 도태될 가능성이 크다.

온라인에서 자동차를 구입하면 약간 불리한 점도 있지만, 중간 상인에게 비싼 수수료를 지불하지 않아도 되기 때문에 많이 절약할 수 있다. 이 부문에는 구조조정이 이미 피할 수 없는 현실로 다가왔으며, 앞으로도 10년 동안 구조조정이 계속될 것이다.

보험회사가 대리점을 거치지 않고 고객과 직접 거래하는 일도 보편화됐다. 어떤 자동차 수리 업체는 고객을 대신해 온라인 검색 서비스를 제공한다. 그러나 이제는 직접 검색을 하려는 사람이 많고 검색·비교 도구가 더욱 정교해졌기 때문에 이러한 서비스도 점차 쇠퇴할 것이다.

부동산 중개업자는 각종 대리점 중에서 가장 평판이 좋지 않은 직종이다. 아직은 모든 사람이 이용할 수 있는 공동 플랫폼이 없어서 당분간 부동산 중개업자가 존속하겠지만, 웹이 점차 공동 플랫폼 역할을 맡아 부동산을 선전하는 장소가 될 것이다. 부동산 중개업자들은 자신만의 고객 명단을 공개하지 않으려고 애쓰겠지만, 부동산을 팔려는 사람의 입장에서는 적은 수의 잠재고객으로 시장이 한정되면 불리하다. 디지털 카메라가 널리 보급되고 각 가정에 있는 개인용 컴퓨터에서 웹 출판 도구를 사용할 수 있으므로 온라인으로 주택을 사고파는 일이 성행하는 데도 그리 오랜 시일이 걸리지 않을 것이다. 부동산 중개업자는 계속 존속하겠지만, 주로 첨단기술 공포증이 있는 사람들과 거래하게 될 것이다. 이런 사람들은 이미 멸종의 위협을 느끼고 있는 종족이다.

미래라고 해도 모든 중개인의 가치가 없어지는 것은 아니다. 기업가들은 "목욕시킨 물은 내버리더라도 아기는 버리지 말라"는 속담처럼 나쁜 것과 좋은 것을 잘 선별해서 전통적인 제도를 해체하고 인터넷에 맞게 재설계할 수 있다.

예를 들면 번화가에 자리 잡고 있는 은행은 인터넷 은행에 밀려나겠지만, 수표를 입금하고 현금을 인출하는 기능 등은 여전히 필요하다. 인터넷 은행 계좌를 가지고 있더라도 번화가 은행 계좌를 이용해 업무를 직접 처리하는 경우도 많다. 또한 보험회사와의 거래를 끊고 자체적으로 보험 공동체를 설립하면 보험 비용을 크게 절감할 수 있겠지만 리스크 평가인이나 검사인, 손실 조정인의 역할은 여전히 필요하다. 현재는 보험회사가 이러한 역할을 모두 보유하고 있지만, 앞으로는 중점 서비스 부문에 따라 분리되어 전문화될 것이다.

전체적으로는 최적의 제도가 아니라 할지라도 대부분의 제도에는 필요한 역할이나 기능이 여전히 많다. 영리한 기업가라면 이러한 제도를 재구성해서 수익을 얻을 수 있다. 주요 차별화 방법은 고객에게 제공할 패키지의 성격과 매력을 좌우하는 다양한 역할의 상호관계를 심층적으로 파악하는 것이다.

앞에서 설명한 것처럼 네트워크를 통해 채용되는 사람들의 자질을 보장하는 것이 길드와 품질 평가자의 새로운 역할이다. 이러한 역할에 덧붙여 번역 대행사, 인사관리 대행사, 온라인 비서 업무 지원사, 회계 서비스, 법률 서비스 등 이미 친숙한 서비스도 필요할 것이다. 이 밖에도 미래에 여전히 필요한 기능은 많다. 이런 종류의 기존 서비스는 가상 회사나 개인의 요구에 맞게 조정되어 새로운 서비스로 재탄생할 것이다.

선진국에서는 앞으로 몇 년 안에 광대역 네트워크가 급속도로 보급될 것이다. 웹 사이트에 쉽게 접근하고 인터페이스를 손쉽게 사용할 수 있도록 도구를 개선하고, 보안 기능을 강화하고, 고객의 친밀도를 높이면 네트워크 기반 쇼핑이 크게 성장할 것이다. 그러려면 먼저 한 가지 문제를 극복하는 것이 중요하다.

대부분의 사람들이 직장에서 일하기 때문에 배달될 물건을 집에서 기다리고 있을 수 없다. 소비자가 물건을 받으려면 서명을

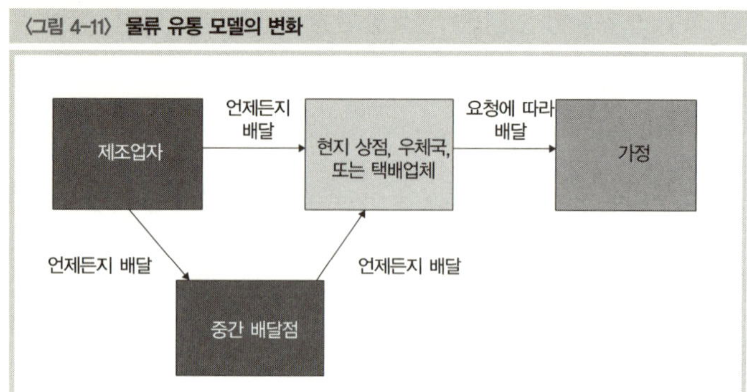

해야 하기 때문에 배달되지 않은 물건을 찾으려고 택배 사무실에 가야 하는 경우도 이따금 있다. 그렇지 않으면 배달된 물건이 비를 맞으며 집 밖에 놓여 있는 경우도 있다. 가족 중 한 사람이 집에서 기다리는 경우에도 배달 사원이 '아침나절' 또는 '오후'에 배달하겠다고 말하는 것이 고작이어서 반나절을 무작정 기다려야 한다. 이러한 방식으로는 택배회사가 계속 늘어나고 있는 상황에서 성공할 수 없다. 그러므로 물류 유통 체인에 혁신적인 변화가 일어날 것이다.

한 가지 해법은 수취인 대신 물건을 받을 중간 배달점을 지정하는 것이다. 수취인이 찾으러 올 때까지 현지에 있는 상점이나 정비공장, 우체국 또는 그 밖의 업소가 보관하거나 고객이 편리한 시간에 배달하는 것이다. 제조업자나 소매업자는 중간 배달점까지만 배달하면 된다. 현지 중간 배달점은 배송품이 식품일 경우 냉장고에 보관하고, 꽃이면 시들지 않게 물을 계속 주는 등 배송품이 양호한 상태로 최종 고객에게 전달될 수 있도록 잘 보관한다.

이런 시스템을 구성하려면 무엇보다도 신뢰가 가장 중요하며 그런 방법을 통해서 서비스의 종류와 품질이 다양하게 바뀔 것이다. 어떤 사람은 중간 배달점에 집 열쇠를 맡기면서 외출한 사이에 물건이 오면 자기 집에 배달해 달라고 부탁할 것이다. 또 어떤 사람은 현지 중간 배달점에 와서 물건을 찾아가겠다고 할 것이다. 그러나 고객이 편리한 시간에 물건을 배달할 수 있는 업체가 고객에게 가장 큰 만족을 주게 될 것이다. 중간 배달업자가 배송물을 받았다고 고객에게 연락하면서 언제 배달하면 좋을지 문의하는 식으로 개인의 특성에 따라 차별화된 서비스를 제공하면 현재 시행되고 있는 서비스의 품질을 한층 높일 수 있다.

차별화된 서비스를 제공함으로써 좋은 평판을 얻는 중간 배달점은 차츰 소비자가 어느 공급자의 상품이나 서비스를 선택할지 결정하는 데 큰 영향을 미치게 될 것이다. 특수한 제품을 제외하고는 특별히 선호하는 공급자가 없으므로, 소비자는 현지 중간 배달점에게 물건 구매를 맡겨버릴 수도 있다. 그러면 중간 보관업으로 시작한 현지 점포가 가치사슬에서 더 큰 힘을 행사할 수 있게 된다.

현지 중간 배달점은 택배회사와 이미 맺은 관계와는 별도로 웹 소매업자와도 강한 제휴관계를 맺을 수 있다. 물론 배달점 자체가 진화해서 이러한 역할을 직접 맡을 수도 있겠지만, 소매업자의 역할은 배달점의 역할과 매우 다르기 때문에 자신의 사업에 만족하고 새로운 역할은 다른 사람에게 맡기는 배달업자도 많을 것이다.

꿈이 현실로 밀려온다

지금까지 기술 트렌드, 사회 트렌드, 경제 트렌드가 각종 비즈니스에 어떤 영향을 미칠 것인지 살펴보았다. 또한 특정 분야의 발전과정을 살펴보고, 이러한 발전과정이 비즈니스 환경에 어떤 영향을 미칠 것인지 설명했다. 미래가 어떤 모습이 될지는 이 책에 요약된 트렌드와 발전과정이 어떻게 상호작용하느냐에 달려 있다. 어떤 측면에 대해서는 2010년까지의 미래 상황을 자신 있게 그려낼 수 있지만, 확실하게 예견할 수 없는 측면도 많다. 이제 확실성이 있는 미래상을 요약하고 불확실한 부분을 되짚어보고자 한다. 그렇게 함으로써 비즈니스의 미래 지형도와 그 속에 담겨 있는 기회와 위협요소를 한눈에 파악할 수 있도록 요약해본다.

우리의 미래상을 결정짓는 핵심 트렌드 가운데 한 가지 확실한 것은 테크놀로지의 진보는 계속될 것이라는 점이다. 새롭고 기초적인 연구 성과가 없어도 활용할 수 있는 지식은 지금도 굉장히 많다. 정보통신기술처럼 확고한 기반을 닦은 분야에서도 기업을 경영하는 방식이나 공급자, 직원, 그리고 고객과 상호작용하는 방식을 변화시킬 수 있는 가능성에 대해서는 이제 겨우 이해하기 시작한 단계에 불과하다. 생명과학처럼 새롭게 출현하는 테크놀로지의 영향에 대해서는 아직 아무것도 예견할 수 없다.

점점 확대되는 세계화 현상과 경쟁이 심해지는 환경에서 살아남으려면 지속적인 혁신이 필요하기 때문에 새로운 기술은 계속 채택될 것이다. '레드 퀸' 효과로 인해 한 회사가 혁신하면 다른 회사도 이에 대응하여 혁신하면서 변화에 가속도가 붙을 것이다. 제품의 수명은 점점 더 짧아지고 시장은 더욱 빠른 속도로 포화 상태에 이른다. 그러므로 각 기업은 신제품을 선택하기보다는 기존 제품을 교환하도록 고객을 설득하는 노력에 중점을 두어야 할 것이다. 모든 시장이 패션 업계나 연예계를 닮아가기 때문에 일시적으로 전 세계를 휩쓸 정도로 유행한 제품이라도 그 다음에 출현하는 새로운 물건에 밀려 버림을 받게 된다.

변화를 주도하는 견인차는 많지만, 각기 다른 시간표에 따라 움직이는 경향이 있다. 테크놀로지는 경제적 추진동력과 함께 점점 더 빠른 속도로 변화를 주도하지만, 사람들의 태도와 사회적 가치관은 훨씬 느린 속도로 변화한다. 1일 24시간 영업을 계속해야 하는 소비자중심 사회에 잘 어울리는 사람은 고객의 욕구를 만족시키기 위해 밤이든 낮이든 일할 태세가 되어 있고, 일하지 않을 때는 열심히 소비하여 점점 더 다양해지는 제품과 서비스를 적극적으로 이용하는 사람이다.

그런 생활양식을 만족스럽게 받아들이는 사람도 있겠지만, 그것은 경기가 좋을 때만 가능한 생활양식이다. 경제가 침체기에 들어서거나 '승자 독점' 사회에서 패자가 너무 많이 배출되면 새로운 가치관이 생성될까? 물론 자신이 패자임을 인정하고 싶은 사람은 거의 없을 것이다. 인간의 열망은 구매행위의 중요한 동기가 된다. 미래에는 성공하고 싶어하는 소비자의 열망, 사랑과 안전에 대한 욕구를 충족시켜줄 '돌봄 경제' 사회나 '꿈의 사회'와 같은 아이디어를 활용하는 회사가 성공을 거둘 것이다.

앞에서 우리는 변화의 견인차 역할을 하는 요인이 비즈니스에 미치는 영향도 상세하게 살펴보았다. 변화를 촉구하는 지속적인 압력은 각 기업과 개개인에게 필요한 기량에도 영향을 미친다. 특정 제품 분야나 기술에 대한 지식은 시장에 대한 통찰력이나 새로운 기량을 습득할 수 있는 능력에 비해 가치가 떨어질 것이다. 각 기업이 경쟁력을 유지하려면 유연성과 적응력을 갖추고, 공급자·경쟁자·제휴사·직원·도급업자·고객 등 모든 핵심 이해관계자들과의 관계를 상황에 따라 신속하게 재점검해야 한다.

미래에는 새로운 형태의 조직이 나타날 테지만, 어떤 조직이 오래 지속될지는 아직 불투명하다. 각 분야에서 세계적인 수준의 기량을 모을 필요가 있을 때는 여러 회사의 팀이 한데 뭉쳐 가상 회사를 만들어 특정 제품을 개발할 수도 있다. 이러한 추세가 발전하면 두 회사가 경쟁자인 동시에 다른 제품에서는 동업자가 될 가능성도 열린다. 가치사슬을 대신할 가치 네트워크도 출현한다. 가치 네트워크에서는 각 기업이 거미줄처럼 복잡한 관계로 연결된다. 모든 제휴사가 계약 관계를 바탕으로 협력할 것이라는 견해도 나올 수 있다. 그러나 상호 신뢰의 문제도 있고, 복잡한 계약을 이행하는 데는 여러 가지 어려움이 있으므로 몇 개의 프로젝트에 대해 공동으로 협력하는 기업 연합체가 구성될 것으로 예상된다. 이러한 연합체는 계약보다는 경영자들의 관계에 의해 구성될 것이다.

정보와 지식을 기반으로 한 제품 및 서비스의 경제적인 비중이 차츰 높아짐에 따라 정보를 창안한 정보 소유자와 정보 사용자 사이에 이미 대립이 격화되고 있다. 정보 소유자는 수익을 극대화하기 위해 사용을 제한하려고 하고, 사용자는 정보를 자유롭게 복제해 다시 배포하려고 한다. 저작권 및 지적재산권에 관한 법률을 개정하라는 압력도 가중될 것이다. 특히 경제체제는 세계화되지만 사법 관할권이 각국 정부에게 있으므로 각 나라마다 저작권 및 지적재산권 보호에 대한 이해관계가 다르다. 따라서 창작에 대한 포상은 어느 정도 필요하지만, 법적 보호가 과연 필요한 것인지 논란이 끊임없이 계속될 것이다.

고용주와 직원의 관계도 논란의 대상이 될 것이다. 핵심 기량을 가진 근로자, 즉 지식 근로자는 피고용자의 입장이 아니라 계약에 따라 일하는 사례가 늘어날 것이다. 이렇게 도급 형태로 일하는 지식 근로자들은 지식 길드를 구성하고, 지식 길드는 계약 체결 가능성이 있는 기업에게 길드의 구성원을 대표해 품질 표준을 보증한다. 그러나 기업의 생존에 그 사람이 꼭 필요하다고 판단될 경우 기업은 그 사람의 핵심 기량을 독점적으로 사용하기 위해 고액의 보수를 내걸고 고용계약을 제의할 것이다.

실제로 어떻게 발전할지는 불투명하지만, 도급자로 일함으로써 자유와 독립적인 지위를 누리기 좋아하는 사람도 있고, 만족할 만한 조건이라면 안전성을 택해 고용계약을 하는 사람도 있을 것이다. 어떤 식으로 일을 하든 가치 있는 기량이 있다고 인정되는 사람과 그렇지 못한 사람 사이에 격차가 점점 벌어질 것이라는 뜻이다. 성공적인 근로자는 도급자의 신분이든 피고용자의 신분이든 자신의 기량을 널리 인정받고 적절하게 보상받기 위해 자신을 홍보하는 데 많은 시간을 할애할 것이다.

새로운 경영 테크놀로지는 고용주와 피고용자의 관계에도 영향을 미친다. 고용주들은 직원들이 정책과 지시사항을 철저히 준수하는지 확인하기 위해 신기술을 이용해서 직원의 동태를 감시할 수 있다. 그러나 이는 역효과를 발생시킬 수 있다. 직원들이 감시 시스템으로 인해 사생활을 지나치게 침해받고 있다고 느끼면 생산성이 오히려 떨어지게 된다. 도급자로서 일할 수 있는데도 불구하고 정규 직원으로 근무하려는 핵심 근로자는 그 회사의 감시 수준도 고려할 것이다. 여러 회사와 동시에 일하는 도급자는 자신의 행동을 세밀하게 감시하는 행위를 받아들이지 않으려고 할 것이다. 그 대신 결과물로써 업무 실적을 평가받게 된다.

기업과 고객의 관계에도 긴장상태가 조성된다. 고객에 대한 정보를 많이 확보할수록 개개인에게 적합한 상품과 서비스를 제공할 수 있는 능력이 향상된다. 그러나 고객은 조종당하고 있거나 이용당하고 있지 않을까 매우 예민하게 반응한다. 맞춤형 서비스를 제공하려는 기업의 노력과 일정한 수준의 프라이버시를 유지하려는 개개인의 욕구 사이에 발생하는 균형 문제는 앞으로 계속 중요한 문제가 될 것이다.

각 기업이 역동적인 미래 환경에 어떻게 대처할 것인지에 대해서도 검토했다. 미래에는 격식을 갖춘 기획이 거의 소용이 없는 경우가 많을 것이다. 일부 산업은 쇠퇴의 길로 접어들 것이며, 각 회사는 '승자를 가려내려는' 소망을 포기하고 다양한 제품을 많이 출시해 실패하는 제품은 자연 도태되도록 하는 것이 낫다는 점을 터득하게 될 것이다. 성공은 이러한 일을 효율적으로 실행하는 기업의 몫이 될 것이다. 거듭 강조하지만 각 산업 분야가 패션이나 연예 부문을 닮아가게 될 것이다.

"예측하기란 어렵다. 미래를 예측하기란 특히 어렵다"라는 말이 있다.* 사실 대부분의 연구가 이미 완료된 상태이기 때문에 앞으로 10년 동안 발전할 기술의 능력을 예측하기는 비교적 간단하다. 다만 어떤 기술 능력을 이용하게 될지, 다시 말하자면 어떤 기술 능력이 성공적인 제품과 서비스로 변모하게 될지 예측하는 것이 어려울 뿐이다.

이는 혁신자의 상상력, 각 기업과 투자자들의 비전, 그리고 새로운 제품과 서비스가 개개인의 욕구와 가치관, 더 나아가 경제 체제 및 사회 전반에 걸쳐 새로 출현하는 욕구와 가치관에 부응할 수 있는 범위 등과 서로 복잡하게 맞물려 어떻게 상호작용하느냐에 달려 있다. 테크놀로지와 사회의 변화 방향, 그리고 변화를 주도하는 견인차에 대한 이해의 폭이 넓을수록 변화에 대처하고 새로운 기회를 포착해 활용할 수 있는 능력이 향상될 것이다.

* 누가 이 말을 처음 했는지 확실치 않다. 구글(Google)로 잠시 검색한 결과에 따르면 닐스 보어(Niels Bohr), 샘 골드윈(Sam Goldwyn) 및 요기 베라(Yogi Berra)가 말한 것으로 보인다.

누구에게나 해야 할 일과 하고 싶은 욕구가 있다.
— 햄릿 제1막 제5장

나는 2001년부터 2010년까지의 기간이 나만의 것이라고 생각하기 때문에 누군가 이 기간을 침범하면 참기 힘들다. 하지만 이 책의 저자들이 아래와 같이 쓴 글을 읽고 마음을 가라앉혔다.

이 '프로그래밍'의 최종 단계는 아서 C. 클라크의 매우 독창적인 책 《2001 스페이스 오디세이》에 등장하는 HAL 9000 컴퓨터에서 직접 영감을 얻은 것이다. 공상과학 작가들의 상상력은 대단히 뛰어나서 이들의 멋진 아이디어가 기술적으로 실현되려면 수십 년이 걸리는 경우가 허다하다. 그러나 HAL 컴퓨터처럼 능숙하지는 않더라도 일상적인 언어를 이해하고 말하는 능력, 체스 시합 능력, 자동 조종 능력은 물론, 인간의 기분과 몸짓을 인식하는 능력에 이르기까지 HAL 컴퓨터의 속성 가운데 많은 부분이 이미 예정대로 개발됐다. 이제 얼마 후면 원시 데이터 처리 성능 면에서 HAL 컴퓨터 수준에도 이르게 될 것이다. 그 다음 단계는 당연히 스스로 학습하는 발견적 프로그래밍 개념을 실현하는 것이다. 유감스럽게도 컴퓨터가 때때로 우리가 원하는 것과 반대로 행동할지도 모른다는 우려를 당연한 사실로 받아들이게 될 날이 곧 올 것 같다.

이 책의 저자들은 HAL 컴퓨터가 착한 녀석이었다는 사실이 《2010 오디세이 2편Odyssey Two》에서 밝혀졌다는 말은 덧붙이지 않았다. HAL이 나중에 언급했듯이 "사고 원인은 언제나 인간의 실수"였다. 작전사령부에 있는 얼뜨기들이 그의 프로그래밍을 망쳐버렸던 것이다.

햄릿이 우리에게 상기시켜준 것처럼, 일은 태초부터 인간의 두 가지 주요 활동 중 하나였다. 그러나 20세기에 이를 때까지 '비즈니스', 즉 일거리는 단순히 재화나 용역을 교환하는 행위에 지나지 않았고, 동굴에서 생활하던 원시인 '우Ugh'가 매머드 고기 한 조각과 멋지게 깎은 돌칼을 교환했던 선사시대에 비해 달라진 것이 거의 없었다. 물론 사회가 발전하면서 수천 가지의 직능과 직업이 출현했다. 그러나 20세기에 들어선 뒤에도 인류의 일거리는 영국의 시인이자 고전학자인 하우스먼A. E. Housman의 시집 《슈롭셔의 젊은이A Shropshire Lad》 중 23번째 시에 들어 있는 이 유명한 시구에서 언급된 범위를 대부분 넘지 못했다.

수백 명의 젊은이들이 루드로 장날에 몰려오네.
농장 헛간에서, 대장간에서, 방앗간에서, 그리고 가축우리에서 사내들이 모여드네.

지금은 일하는 방식이 크게 변했지만, 농장 헛간이나 대장간, 방앗간, 가축우리는 여전히 남아 있다. 농촌에서 자란 나는 많은 변화를 직접 목격했다. 우유 짜는 기계와 전기 울타리가 처음 등장하던 것과 AI가 처음 도입되던 광경도 목격했다. 물론 이 당시의 AI는 인공지능artificial intelligence의 약자가 아니고 인공 수정artificial insemination의 약자다. 내가 좀더 늦게 태어났더라면 생물 복제도 목격할 수 있었을 것이다.

1936년에 사망한 하우스먼은 불과 몇 년 지나지 않아 출현한 새로운 직업에 대해서는 전혀 상상하지 못했을 것이다. 어쩌면 그것이 차라리 나을지도 모르겠다. 그가 23번째 시를 이런 식으로 썼다면 그다지 낭만적이지 못했을 것이다.

마이크로칩 공장에서, 원자력 발전소에서, TV 스튜디오에서, 콤샛

Comsat 지상 중계소에서, 그리고 인터넷 서버에서 사내들이 모여드네.

하우스먼이나 겨우 10여 년 전 사람들에게 이런 직업에 대해 설명하기란 여간 힘든 일이 아닐 것이다. 만일 내가 즐겨 사용하는 전자시대의 전문 용어를 이용해 빅토리아 시대의 여성에게 '손녀가 근무 시간에 주로 생쥐마우스를 쓰다듬으며 지내고 있다'고 말한다면 그녀는 어떻게 생각할까?

인간의 다른 활동들과 마찬가지로 비즈니스는 당대에 이용할 수 있는 기술에 따라 달라진다. 예를 들면 편지, 우편, 수기手旗 신호, 전보, 전화, 영화, 라디오, 텔레비전, 통신 위성, 팩스, 비디오, 이메일, DVD의 발전 단계에 따라 비즈니스가 변화됐음을 알 수 있다는 뜻이다.

미래의 역사가들은 영화나 TV가 발명되기 전까지의 오랜 공백 기간에 인류가 도대체 무엇을 하며 시간을 보냈는지 도저히 상상하지 못할 것이다. 그 밖에 또 어떤 유형의 통신 수단이나 오락 수단을 상상할 수 있을까? 내게 질문을 해줘서 고맙지만, 그건 나도 잘 모르겠다.

스리랑카 콜롬보에서

아서 C. 클라크 경

피할 수 없다면 예측하고 선점하라

18세기 영국에서 시작된 산업혁명의 원동력은 증기기관이었다. 이후 증기기관을 응용해 기차와 선박, 그리고 각종 기계 장치가 발명됐고, 이를 통해 가내공업을 벗어난 대량생산 체제의 기틀이 마련됐다. 당시에는 증기기관을 어떻게 응용하느냐에 따라 비즈니스의 성패가 좌우됐다고 해도 과언이 아니다.

이 책의 집필진들이 예측하는 대표적인 사례를 살펴보면 다음과 같다. 우선 '돌봄 경제'라는 용어가 눈에 띈다. 인공지능을 이용한 로봇이 발달함에 따라 모든 업무가 자동화되고 작업과정이 단순화되어 앞으로 인간이 할 일이라고는 다른 사람을 '돌보는' 일밖에 남지 않을 것이다. 정신노동이든 육체노동이든 대부분의 노동을 모두 기계에게 맡기고 인간은 인간의 손길이 필요한 일에만 집중하게 되어 시간적으로나 물질적으로 여유 있는 생활을 누리게 될 것이다.

한편 한없이 편의성을 추구하는 소비자의 욕구를 충족시키기 위해 주 7일 1일 24시간 영업하는 점포가 점점 더 늘어나고, 대부분의 회사는 프로젝트별로 유능한 인재를 고용함에 따라 비정규직 또는 계약직 사원을 채용하는 체제로 바뀔 것이다. 또한 유비쿼터스 시스템이 발달해 고용주나 로봇이 직원의 일거일동을 감시하고 지시하는 사회, 이른바 빅브라더의 시대가 구체적인 현실로 다가올 것이다.

이 밖에 피터 드러커의 예측대로 지식 근로자의 힘이 기존의 산업자본가의 힘을 능가하기 때문에 전문지식을 가진 근로자와 그렇지 못한 단순 근로자 간의 양극화 현상이 심화될 것이라는, 반갑지 않지만 타당성 있는 예측도 하고 있다. 심지어 인공지능이 발달하면 똑똑한 인간이 필요없어지며, 반복적인 기술이 필요한 전문직이나 인터넷으로 전문 정보를 손쉽게 입수할 수 있는 직종은 쇠퇴의 길로 접어들 것이라는 분석도 내놓고 있다.

20세기 후반부터 시작돼 21세기 비즈니스의 판도를 완전히 바꾸어놓은 IT 산업의 비약적인 발전 역시 18세기의 증기기관 발명과 견줄 만하다. 영국의 저명한 미래학자인 이언 피어슨과 마이클 라이언스는 이 책을 통해 IT와 테크놀로지 혁명으로 인해 전 세계가 직면하게 될 변화를 조망하고 있다. 그들은 20여 년 동안 기술 분야 연구와 기업 컨설팅 업무에 종사하면서 축적한 지식과 경험을 토대로 현재 개발됐거나 조만간 개발될 것으로 예상되는 테크놀로지, 그 중에서도 특히 정보화 기술에는 어떤 것이 있으며, 이로 인해 사회와 경제의 구조가 어떻게 변화할 것인지를 종합적으로 분석해 2010년경의 비즈니스 지형도를 그려냈다.

이 책에서는 테크놀로지의 발달에 따른 사회 구조적인 변화도 조망한다. 비즈니스를 지배하는 힘이 기업 소유자로부터 지식 근로자들에게로 이양되고, 네트워크의 발달로 중앙정부의 힘은 약화되며, 국제기구와 지방정부가 중앙정부의 권력을 점점 잠식해 들어간다고 예견하고 있다. 또한 개별기업 간의 경쟁보다 가치사슬 간의 경쟁이 더욱 치열해지고, 현실 세계의 회사는 네트워크로 연결되는 가상회사나 가상조합에 밀려 서서히 자취를 감추게 될 것이다. 그러나 한편으로는 마이크로소프트보다는 테크놀로지 변화에 비교적 덜 영향을 받는 제너럴모터스가 더 오랜 기간 사업을 이어나갈 수 있으리라는 예측도 하고 있다.

이 책의 구성을 살펴보면, 급변하는 비즈니스 환경의 실태를 설명하고 있다. 개인과 개인을 연결하는 P2P 네트워크는 일반 사람들이 정치와 사회에 영향력을 행사하는 압력수단으로 사용할 수 있을 정도로 급속도로 보급되고 있다. 인공지능의 발달은 생산시설의 자동화에서 그치는 것이 아니라 획기적인 사무 자동화로 이어지면서 관리직과 전문직의 업무가 단순화됐고, 이에 따라 육체노동뿐만 아니라 정신노동에 종사하는 사람들의 수도 현격하게 줄어들고 있다. 그 결과 정보화 시대는 막을 내리고 머지않은 장래에 돌봄 경제 시대가 도래해 기계로 대체할 수 없는 비즈니스가 각광을 받을 것으로 예고하고 있다.

또한 인구 구조의 급변, 개인주의의 발달, 문화의 다양화, 국경의 무력화, 사이버 범죄와 테러의 급증, 가상세계의 발전 등과 같은 사회 트렌드가 비즈니스에 미치는 영향을 분석했다.

관리업무의 아웃소싱, 개인을 존중하는 경영관리 시스템, 유랑기업과 지식 길드의 출현, 브랜드 강화와 돌봄 경제 시대의 도래, 자동화 및 디지털화로 인한 삶의 질 향상 등 비즈니스 트렌드를 상세하게 검증하고 미시 경영과 중앙집중화의 함정에 대해 경고하고 있다. 그리고, 테크놀로지의 발전과 사회 트렌드 및 비즈니스 트렌드의 변화에 발 빠르게 적응하며 새로운 비즈니스 지형도에서 살아남을 수 있는 방법론을 제시한다.

이처럼 이 책에서는 기술의 진보과정과 비즈니스 환경을 종합해 봄으로써 미래의 비즈니스 세계에서는 현재의 상식이 더 이상 상식으로 통할 수 없다는 사실을 상기시켜준다.

끝으로 이 책에는 비즈니스에 응용할 수 있는 아이디어가 곳곳에 숨어 있다. 그것을 찾아서 비즈니스에 적용하고 실용화하는 것은 독자들의 몫이 될 것이다.

2010 비즈니스 트렌드

지은이 | 이언 피어슨 · 마이클 라이언스
옮긴이 | 김유신
펴낸이 | 김경태
펴낸곳 | 한국경제신문 한경BP

제1판 1쇄 인쇄 | 2007년 7월 10일
제1판 1쇄 발행 | 2007년 7월 20일

주소 | 서울특별시 중구 중림동 441
기획출판팀 | 3604-553~6
영업마케팅팀 | 3604-561~2, 595 FAX | 3604-599
홈페이지 | http://www.hankyungbp.com
전자우편 | bp@hankyung.com
등록 | 제 2-315(1967. 5. 15)

ISBN 978-89-475-2561-9
값 11,000원

파본이나 잘못된 책은 바꿔 드립니다.